AF212428

# ¡DALE AL PLAY!

EMPRENDE. INNOVA. BÚSCATE LA VIDA

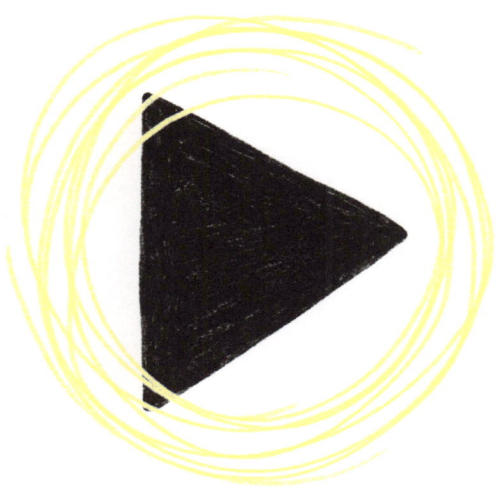

Eduardo Jáuregui

# ¡DALE AL PLAY!

## EMPRENDE. INNOVA. BÚSCATE LA VIDA

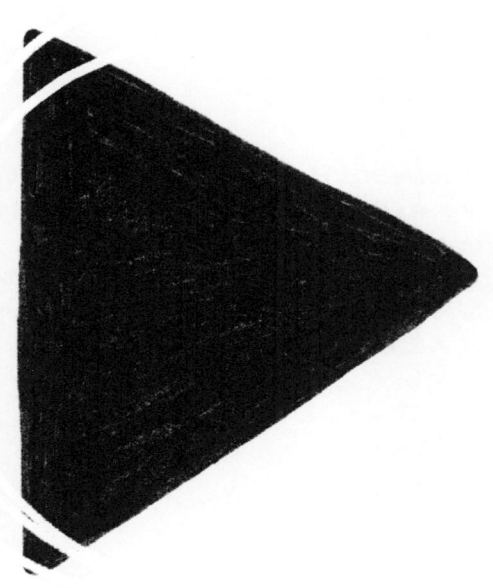

LAROUSSE

TeamLabs/

Coordinación de la edición: Sofía Acebo
Corrección: Virginia Fernández y Sílvia Jofresa
Cubierta y maqueta interior: RedMood Agency

© Eduardo Jáuregui y TeamLabs/ (por los textos)
© Anna Fradera (por las ilustraciones)
© Larousse Editorial, S. L., 2025 (por la edición)
  Bac de Roda, 64, edificio D, planta 1.ª
  08019 Barcelona (España)

  clientes@grupoanaya com
  www.larousse.es

Reservados todos los derechos El contenido de esta obra está
protegido por la Ley, que establece penas de prisión y/o multas,
además de las correspondientes indemnizaciones por daños
y perjuicios, para quienes plagiaren, reprodujeren, distribuyeren
o comunicaren públicamente, en todo o en parte y en cualquier
tipo de soporte o a través de cualquier medio, una obra literaria,
artística o científica sin la preceptiva autorización.

ISBN: 978-84-10124-84-4
Depósito legal: B-1880-2025
1E1I

PAPEL DE FIBRA
CERTIFICADA

# MANIFIESTO PLAY

## EMPRENDE / CONECTA / TRANSFORMA
## INSPIRA / TRANSPIRA

Sé libre. Libre para elegir, pensar, vivir, explorar,
cambiar, conocer,                           , transformar, trabajar,
escuchar, esperar, conectar. Libre para actuar.
Libre para aprender. Libre para                    .
Libre para jugar. Tú eliges tu camino. Tú haces tu destino.
Tú puedes crear una nueva era: tu valor que se suma a mi valor
que se suma al valor de otros que, como tú, se atreven
a pisar donde nadie antes había pisado. Otros como tú
que no temen dejar su huella en el agua. Que pueden crear,
enseñar, aprender ideas que nos harán más fuertes
y a la vez más humanos. Elige tu lugar, cambia las reglas,
impúlsate,                           , prepárate.
Crea en equipo. Cree en tu equipo. Emprende.
Disfruta del viaje. Tú eres el destino.

Tacha
lo que no te
gusta

Rellena
los huecos

1 No hagas caso de ninguna instrucción que no te convenza al 100 %. Incluida esta. Táchala, modifícala, hazla tuya. Genera tus propias instrucciones —siempre y en todo lugar—.

2 Busca urgentemente boli, rotuladores, o lo que tengas a mano para rellenar este carnet.

3 Añade tu nombre verdadero, tu mote de toda la vida o el nombre que siempre quisiste tener. Si quieres que lleve tu foto o un autogarabato, no te cortes.

4 Recorta por las líneas discontinuas. O salte de ellas si te viene la tentación.

5 No lo plastifiques, que ya hay bastante plástico en el océano. Si se estropea, ya te harás otro.

6 Llévalo siempre contigo, bien guardadito.

7 Sácalo cuando tú o tu equipo se encuentre bloqueado, cuando no sepáis por dónde tirar, cuando necesitéis la creatividad de Billie Eilish, la tenacidad de Steve Jobs o la fuerza de los Jedi.

8 Estas instrucciones no se van a autodestruir, pero puedes destruirlas tú y reciclar la página entera como mejor se te ocurra: para envolver un microrregalo, encender un fuego o hacer un origami en forma de *Tyrannosaurus rex*.

9 Comparte los resultados: #DaleAlPlay

Este carnet identifica a

_____

como un/a PLAYER, autorizándole para encarnar el MANIFIESTO PLAY, dentro de la legalidad vigente y del respeto hacia todos los seres vivientes de este planeta y de cualquier otro que resultara habitado o habitable.
**TeamLabs/**

Dedicado a tod@s nuestr@s
valeros@s **_players_**
y muy en especial a

_____

Tu nombre
aquí

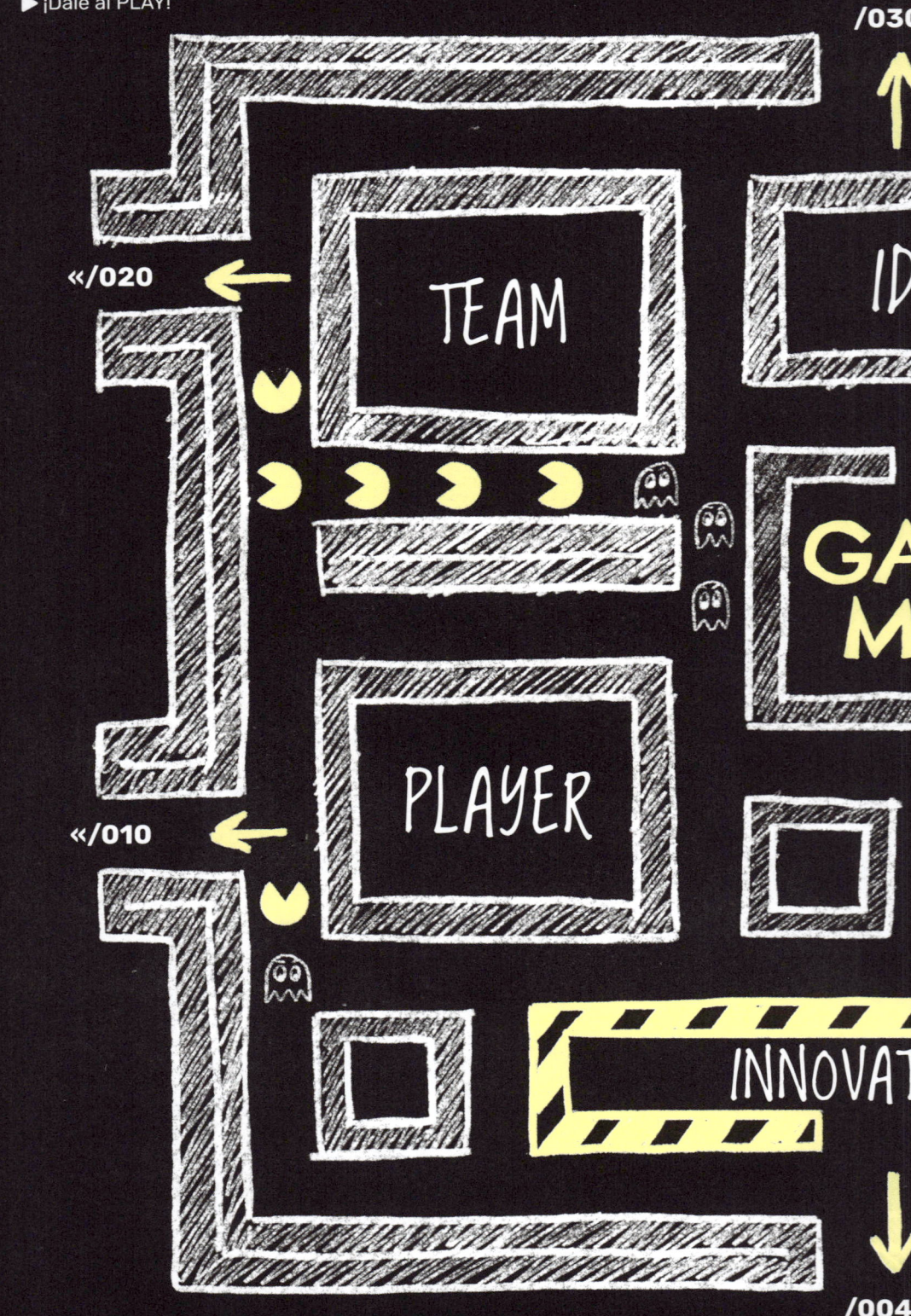

¿Qué esperabas?

¿Que íbamos a cogerte de la manita?

No, lo sentimos.

Si te consuela, nosotros estamos igual.

A partir de ahora, vas a tener que tomar decisiones.

Y rápido...

**«/000**
**Game map**

**The Unknown**
**is Coming!/003»**

# THE UNKNOWN IS COMING

*Winter is coming*, anunciaba Jon Snow en *Juego de tronos*. Un invierno largo, frío y lleno de zombis. En el siglo xxi del planeta Tierra, tampoco abunda el optimismo. Por doquier nos llegan advertencias de desastres de todo tipo (***Big Fucking Problems/087»***).

Pero la realidad es que nadie sabe lo que se nos viene encima. Solo que será bien distinto de todo lo anterior. El mundo no acabó en el año 2000, como algunos temían, pero veinte años más tarde parece otro.

Y aún no hemos visto nada. Esto solo va a más.

***Fuck Fear/005»***

**Las habilidades que están pidiendo ya las organizaciones para hacer frente a todo esto:**

CREATIVIDAD | ADAPTABILIDAD | CAPACIDAD DE ANÁLISIS | INICIATIVA
LIDERAZGO | COMUNICACIÓN | COLABORACIÓN | GESTIÓN DEL TIEMPO
INTELIGENCIA EMOCIONAL | COMPETENCIAS DIGITALES | PRODUCCIÓN
DE VÍDEO | VENTAS Y *MARKETING* | INGLÉS, CHINO Y VISIÓN GLOBAL

**¿Cómo crees que pueden aprenderse estas habilidades y actitudes?**

☐ En un libro de texto

☐ Con una buena profesora o un buen profesor

☐ Con preguntas tipo test, como esta

☐ Dándole al *play* (**/000»**) y viendo qué pasa…

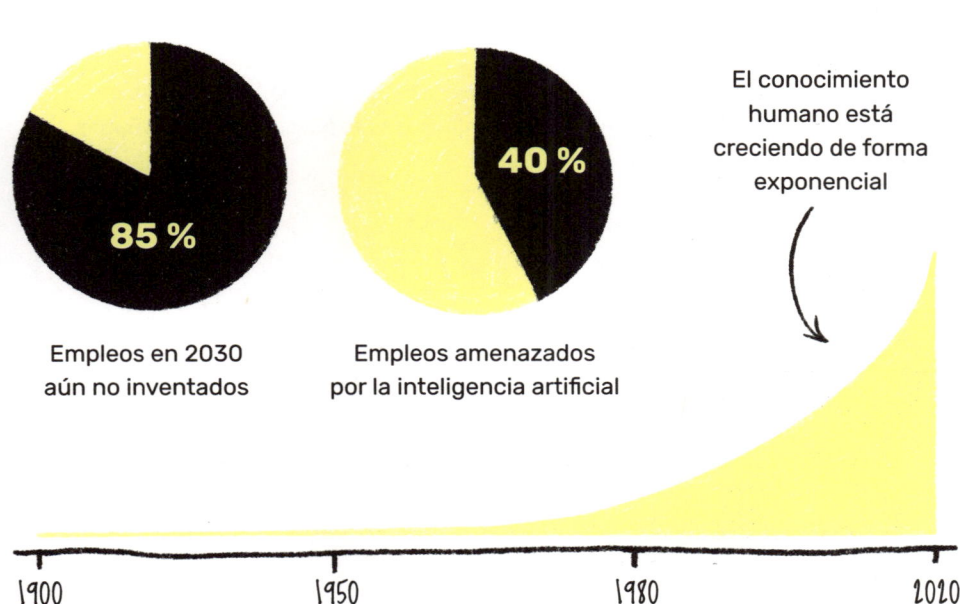

**85 %**

Empleos en 2030
aún no inventados

**40 %**

Empleos amenazados
por la inteligencia artificial

El conocimiento
humano está
creciendo de forma
exponencial

|900    |950    |980    2020

**«000/*Game map***

# INNOVATION SUCKS!

¿Para qué te vamos a engañar? Total, lo vas a descubrir desde el primer momento, si no lo has hecho ya. El emprendimiento no es todo glamur. De hecho, el glamur brilla por su ausencia. Lo que sí puedes esperar, y a espuertas, es:

curro

burocracia

gastos que no te esperabas

jornadas largas de trabajo

fracasos

preocupaciones

leyes incomprensibles

riesgo

más curro

incertidumbre

discusiones interminables

dilemas

conflicto

noches de insomnio

mover mesas, sillas y cajas

frustración

problemas informáticos

aún más curro

zozobra

perder pasta

desilusiones

estrés

confusión

agotamiento

otra taza y media de curro

Pon una cruz en cada cajita cuando lo vivas en tus carnes. Hemos dejado tres espacios para que añadas alguna más.

Por otro lado, en el territorio desconocido están toda la aventura, el progreso, el aprendizaje y la transformación. A lo largo del arriesgado camino, también te toparás con risas, sorpresas, éxitos, celebraciones, gratitud, momentos de gran compañerismo y la vertiginosa emoción de la libertad. Sin riesgo no hay vida.

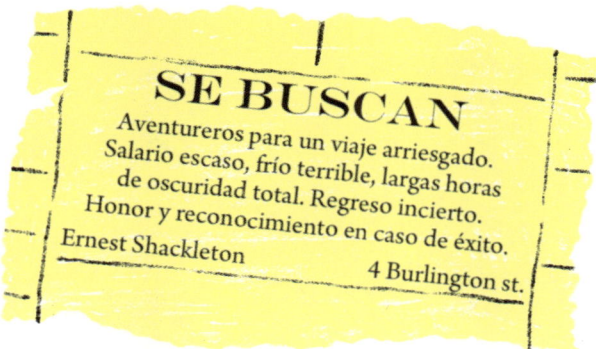

**SE BUSCAN**

Aventureros para un viaje arriesgado.
Salario escaso, frío terrible, largas horas
de oscuridad total. Regreso incierto.
Honor y reconocimiento en caso de éxito.
Ernest Shackleton

4 Burlington st.

Dicen que así fue el anuncio que publicó en el *London Times* el explorador británico Ernest Shackleton cuando se propuso cruzar la Antártida. Probablemente se trate de una leyenda urbana. Pero, por muy falso que sea, seguirá siendo mucho más real que esos discursos románticos que circulan por ahí sobre el emprendimiento, la innovación y el «perseguir tus sueños».

Hay que entrar en esto con los ojos bien abiertos y los pies en la tierra (o hielo polar, según). El propio barco de Shackleton se hundió y sus hombres se salvaron de milagro después de un largo y oscuro invierno atrapados en el continente helado.

¿Estás dispuest@ a embarcarte en la aventura?

Firma nuestro **contrato de aprendizaje** (/012»)

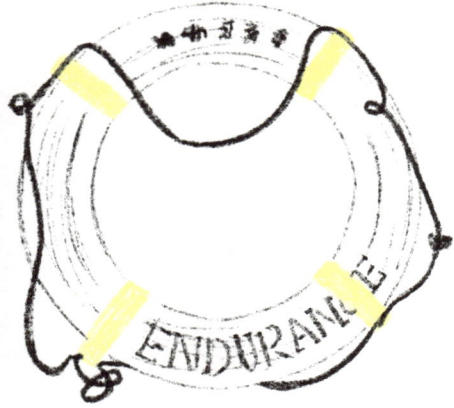

No es muy bonito. Pero tampoco
encontramos mejor forma de expresarlo.
¿A ti se te ocurre alguna? En ese caso,
no te cortes: cubre esta barbaridad con
un adhesivo amarillo y tunéala a tu gusto.

# FU
# FE

El miedo es el gran enemigo del cambio,
la innovación y el emprendimiento.
Cada vez que queremos darle al *play*,
trata de paralizarnos, de frenarnos,
de buscar mil excusas para posponer
la acción. Sobre todo, cuando llegan
los problemas de los que se atreven
a adentrarse en territorios desconocidos:
peligros, críticas, obstáculos,
frustraciones, fracasos y zombis
devoradores de cerebros.

Como con todas las emociones, hay que escuchar el mensaje del miedo —que a veces puede incluso salvarnos la vida—. Pero también hay que saber ponerlo en su sitio. Por eso, es tan importante aprender a vivir con más *Mindfulness* (/008») o conciencia plena.

**CK AR**

«/004 Innovation sucks!

Ever tried/006»

En uno de nuestros laboratorios pintamos dos paredes con un gigantesco cartel amarillo parecido a este. Justo enfrente decidimos colocar <u>un columpio, varios sofás y una mesa de pimpón</u> (/038») para que el miedo supiera que íbamos en serio. Fue un recordatorio permanente de no dejarnos manipular por abominables criaturas internas como el estrés, la inseguridad, el ridículo o la falta de confianza en nuestras propias capacidades. ¡Que les den!

# EVER TRIED/EVER FAILED NO MATTER/TRY AGAIN FAIL AGAIN/FAIL BETTER

En la popular fábula *El alquimista*, de Paulo Coelho,
el mensaje central es el siguiente:

«**Cuando realmente quieres que algo suceda,
todo el universo conspira para que tu deseo se vuelva realidad**».

Qué bonito, ¿verdad? Excepto que la realidad probablemente se parezca más a esto:

«**Cuando realmente quieres que algo suceda, todo el universo
pasa olímpicamente de tu deseo y tu proyecto se va al garete**».

Se va al garete, sí, pero no tienes por qué tomártelo de forma personal.
Es que acertar, ganar, tener éxito es muy difícil, querido amigo o querida amiga.
Todos quieren el Óscar, el Grammy o la Copa de Europa,
pero el 99 % de los aspirantes (incluidos los que se lo curran muchísimo)
van a quedarse sin ellos, sencillamente porque no hay para todos.
Por eso son excepcionales y codiciados.

## EL FRACASO ES LEY DE VIDA

Sentimos darte estas malas noticias, pero, a lo largo de la historia,
han fracasado casi todas...

... las
especies

... las
civilizaciones

... los
espermatozoides

¿Se te ocurre algún otro ejemplo?
Añádelo aquí. Aunque
te equivoques, como estás
viendo, no importa demasiado:
tienes muchísima compañía.

**«/004 *Innovation sucks!***

### El aprendizaje se basa en el fracaso

Hilary Hahn no nació con la habilidad de acertar una nota sobre la cuerda de su violín. Ni Ryan Doyle con la de brincar de un edificio a otro. Tampoco tú sabías hablar antes de tu primer cumpleaños. Hay que entrenar. Y entrenar significa equivocarse mil veces, caerse mil veces…

### La innovación se basa en el fracaso

En 1974, James Dyson creó el primer prototipo de aspiradora ciclónica, pero a sus jefes no les interesó, y le echaron de la empresa. A lo largo de 15 años, probó 5127 prototipos distintos hasta dar con uno que funcionara a la perfección y revolucionara el mercado. O sea, tuvo que…

### El emprendimiento se basa en el fracaso

Según datos de 2023, en Estados Unidos el 23 % de las nuevas empresas fracasa en su primer año; el 48 %, en los primeros cinco años, y el 65 %, en los primeros diez. Y hasta las empresas más exitosas de nuestra era —como Google, Apple o Facebook— han cometido numerosos errores y lanzado productos fallidos (¿recuerdas las Google Glasses?). Es así. Emprender requiere…

# FRACASAR
# FRACASAR
# Y FRACASAR

### El fracaso no mola

Todo fracaso es una oportunidad para aprender y mejorar (**/060»**). Dicho esto, reconozcamos que no mola nada. Duele, escuece, pica y molesta. Pero hay que saber que nos vamos a topar con él. Con el fracaso y también con el miedo al fracaso. Así, al menos, nos podemos preparar, y quizás, con el tiempo, aceptarlo como algo natural. Incluso reírnos de ello, y de nosotros mismos. ¿No sería este el mayor de los éxitos?

*Mindfulness/008»*

# OS VAIS A PELEAR

Si vas a montar cualquier proyecto en equipo, tarde o temprano van a saltar las chispas. Mejor que lo sepas ya, si no lo tenías claro.

Por muy majo que sea el equipo, y por muy alineados que estéis, sois seres humanos. Y los seres humanos suelen tener:

- Opiniones distintas
- Intereses distintos
- Personalidades distintas
- Ritmos distintos
- Expectativas distintas
- Modos de trabajar distintos

Estas diferencias enriquecen al equipo (/024»), pero también van a provocar conflictos. ¡Es inevitable! Y, además, hay que reconocer que todas las personas tenemos días buenos y días malos. Incluso días nefastos.

Por lo tanto, al trabajar codo a codo, durante semanas, meses y años, tratando de levantar proyectos en un entorno de total incertidumbre, que no os extrañe si a veces hay roce. Lo sabemos, es incómodo. En TeamLabs también nos pasa.

De hecho, si no os peleáis, algo va mal. Porque un equipo sin conflictos, en el que todo parece idílico, es en realidad un *fake team*, un falso equipo que evita enfrentarse a los problemas y las diferencias. El conflicto es, sencillamente, parte del proceso.

Construir un
espacio seguro
**(/064»)**

Cultivar
el diálogo
**(/073»)**

Acordar una misión,
visión y valores
compartidos
**(/025»)**

Intercambiar
*feedback*
a menudo
**(/077»)**

**Algunas sugerencias para
evitar que el conflicto
se os vaya de las manos...**

Fomentar
el espíritu lúdico
**(/038»)**

Practicar
*mindfulness*
**(/008»)**

Montar
un retiro anual
**/078»**

**«006/*Ever tried***

# DALE AL

Ante los desafíos del siglo XXI, el *mindfulness*, o atención plena, es *trending topic* permanente, y los cojines de meditación se venden hasta en los hipermercados. Cada vez son más las empresas, hospitales, colegios y organizaciones de todo el mundo que se lo toman muy en serio, por dos motivos:

### 1. Es accesible a todo el mundo

Habla de conceptos psicológicos que entiende cualquiera, y no de chakras, *bodhisattvas* y otras ideas orientales o *new age* que a ciertas personas atraen mucho, pero a otras provocan rechazo.

### 2. Funciona

Se han acumulado pruebas consistentes de su eficacia contra la depresión, la ansiedad, el estrés, el dolor crónico y las adicciones, y también de su capacidad para estimular habilidades cognitivas como la concentración, la memoria y la creatividad.

El libro más conocido de Jon Kabat-Zinn, el científico que fundó este movimiento, tiene un título que recuerda mucho a la realidad cotidiana del emprendimiento: *Full Catastrophe Living*. O sea, vivir plenamente la catástrofe de la vida. Otras definiciones del *mindfulness* podrían ser:

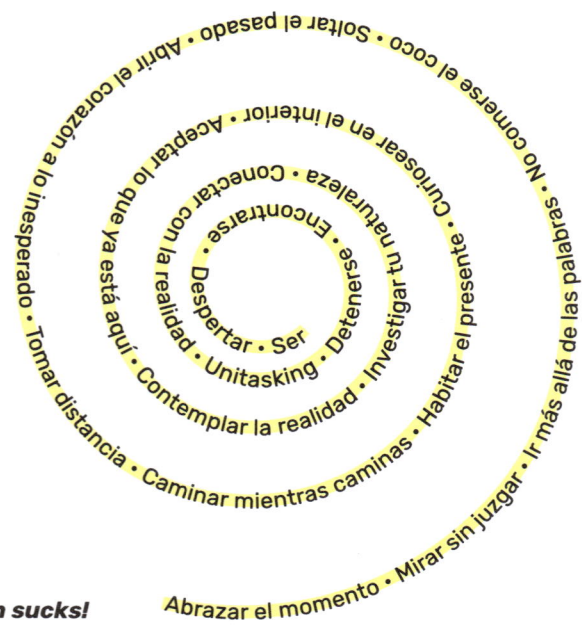

Soltar el pasado · Abrir el corazón a lo inesperado · Tomar distancia · Caminar mientras caminas · Contemplar la realidad · Ya está aquí · Aceptar lo que · Conectar con la realidad · Despertar · Ser · Unitasking · Detenerse · Encontrarse · Curiosear en el interior · Aceptar lo que ya está aquí · Investigar tu naturaleza · Habitar el presente · Mirar sin juzgar · Ir más allá de las palabras · No comerse el coco · Abrazar el momento

# PAUSE

Al igual que el propio emprendimiento, el *mindfulness* se aprende dándole al *play* o, en este caso, dándole al *pause*. Lo mejor es apuntarse a un curso presencial. Pero, ya que estamos, ¿por qué no probarlo ahora mismo?

▶ Busca un lugar donde nadie vaya a molestarte y pon tu móvil en modo avión.

▶ Programa una alarma (de sonido suave) para 5 minutos, o 10 si te animas.

▶ Siéntate en una silla, adoptando una postura firme y cómoda. Si lo prefieres y tienes práctica, puedes emplear un cojín de meditación.

▶ Cierra los ojos si esto te ayuda. También puedes probar con los ojos semiabiertos o incluso abiertos del todo.

▶ Presta atención a tu respiración de forma global, o ahí donde notes las sensaciones más claras. Por ejemplo, en las fosas nasales.

▶ Además de la respiración, es muy probable que otros fenómenos reclamen tu atención: pensamientos, sensaciones del cuerpo, emociones. No hace falta rechazarlos o suprimirlos. Permite que aparezcan y desaparezcan, pero a ser posible dejándolos en un segundo plano y focalizándote en la respiración.

▶ Si notas que tu mente se ha dejado llevar por algún pensamiento, sensación o emoción concretos, simplemente redirige la atención a la respiración —con toda la amabilidad hacia ti que puedas reunir—. Recuerda que fracasar es normal («/006).

▶ Sigue practicando así hasta que suene tu alarma, o hasta que tú quieras.

▶ Repite la práctica cada mañana, o cuando puedas durante el día. Con el tiempo, si quieres, puedes aumentar un poco su duración.

Si focalizarte en la respiración te resulta molesto, puedes escoger otro foco de atención. Por ejemplo, las sensaciones en las manos.

▶ ¡Dale al PLAY!

¡Crea tu propia página! Algo que creas que falta en este libro.
Algo que puedas aportar desde tu experiencia.
Y publícalo con el *hashtag* #DalealPLAY.

Añade el enlace
que quieras.

«

Añade el enlace
que quieras.

# PLAYER

### No necesitas:

- ✗ Superpoderes
- ✗ Un cociente intelectual de 150
- ✗ Vivir en una ciudad importante
- ✗ La fuerza de Greta Thunberg
- ✗ El último modelo de *smartphone*
- ✗ Mogollón de pasta
- ✗ Contactos en las altas esferas
- ✗ Tres *masters* internacionales
- ✗ 10 años de experiencia

Para cambiar el mundo no hace falta gente excepcional. Basta con un grupo de **GENTE NORMAL QUE LE DA AL PLAY** (/018»).

**Buscamos a alguien como tú para resolver los**
Big Fucking Problems **(/087»)**
**que se nos vienen encima**

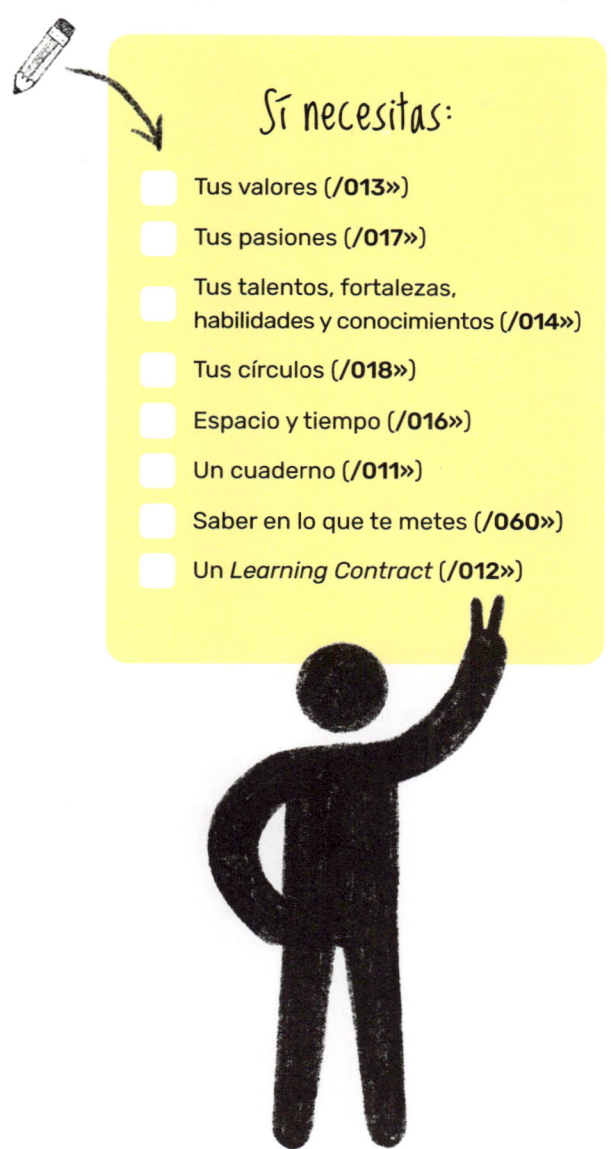

Sí necesitas:

- [ ] Tus valores (**/013»**)
- [ ] Tus pasiones (**/017»**)
- [ ] Tus talentos, fortalezas, habilidades y conocimientos (**/014»**)
- [ ] Tus círculos (**/018»**)
- [ ] Espacio y tiempo (**/016»**)
- [ ] Un cuaderno (**/011»**)
- [ ] Saber en lo que te metes (**/060»**)
- [ ] Un *Learning Contract* (**/012»**)

Cuando hayas puesto un ✓ en cada ▢,
ya estás list@ para montar tu
**TEAM (/020»).**

# LEARNING

Si no lo has hecho ya, necesitas con urgencia comprar un cuaderno para anotar las ideas y reflexiones sobre tu proceso de aprendizaje (¡y que no quepan en este libro!). Sabemos que se trata de una tecnología un poco arcaica, pero, según nuestra experiencia, el lápiz ayuda a pensar. No hay tableta ni portátil que pueda competir con las reflexiones que se depositan, pausadamente, con estratos de grafito sobre una hoja física de papel.
Ya tendrás tiempo luego de transferir lo más importante a soportes digitales.

**De la acción a la reflexión**
Para aprender a emprender, hay que darle mucho al *play*, pero también reflexionar sobre lo vivido, tras el frenesí del momento. Esto te permitirá **_nonakear_** (**/061»**), o sea:

- Unir conocimientos anteriores con los nuevos.

- Hacer explícitos los aprendizajes tácitos.

- Desarrollar el pensamiento crítico y creativo.

- Registrar logros y dificultades del proceso.

- Proponer formas de superarlos.

- Plasmarlo de tal forma que sea más fácil compartirlo.

Con todo ello podrás ir mejorando tu capacidad para crear, cooperar y montar proyectos cada vez más ambiciosos.
**_learning organization_** (**/060»**).

# DIARY

▶ Compra un cuaderno. Mejor sin líneas ni cuadrículas, para que puedas no solo escribir, sino dibujar.

▶ Llévalo contigo a todas partes, como tu móvil y tu cartera.

▶ Sácalo en reuniones con tu equipo y con clientes, durante tus lecturas e investigaciones y en cualquier momento de actividad con tus proyectos. Así podrás fijar los aprendizajes en caliente.

▶ Puedes escribir en rojo, verde, azul o amarillo. En horizontal, vertical o diagonal. Con palabras, símbolos, tablas, dibujos y todo el arsenal del *Visual Thinking* (/068»).
El contenido es tuyo, y la forma que le des también. No tiene por qué ser bonito por dentro. Basta con que tú te entiendas.

▶ Una vez al año, escribe tu *Learning Diary Essay* (/079»).

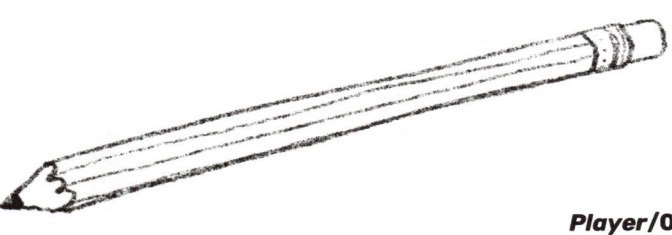

# LEARNING CONTRACT

El contrato de aprendizaje es una de nuestras herramientas más importantes. Al firmarlo, te comprometes a aprender a partir de la experiencia. Y cuando tengas un equipo, se convertirá en el punto de partida de vuestra *learning organization* (/060»).

▶ Responde en tu ***learning diary*** (/011») a las preguntas de estos cinco pasos.

▶ No te preocupes si algunas de las preguntas no se aplican a ti ahora mismo. Deja que te inspiren las que sí se aplican.

▶ Al final, añade la fecha y tu firma.

▶ Renuévalo una o dos veces al año, para reflejar el punto en el que te encuentras en cada momento.

**¿Cómo sabré que he alcanzado mis objetivos?** 5

Aquí puedes indicar lo que tiene que haber sucedido en el tiempo definido en el punto 4, con mediciones concretas: proyectos terminados, cursos realizados, libros leídos, visitas a clientes, resultados económicos, patentes registradas, entuertos deshechos, mundos conquistados, etc.

**¿Cómo puedo llegar a donde quiero ir?** 4

Para responder a esta pregunta, tienes que preparar un plan de acción, con **objetivos *smart*** (/065»).

## ¿Dónde he estado?

¿Qué experiencias, acontecimientos y entornos han sido importantes para mi aprendizaje? ¿Qué formación he recibido (cursos, libros, etc.)? ¿Qué trabajos y *hobbies* he desarrollado, y con quién? ¿Qué proyectos he montado? ¿Qué he aprendido de todo ello? ¿He alcanzado los objetivos de mi contrato de aprendizaje anterior?

## ¿Dónde estoy ahora?

¿Cuáles son mis fortalezas y debilidades? ¿Qué opciones tengo en mi ruta de aprendizaje actual? ¿Qué estilos de aprendizaje me ayudan más? ¿Qué tipo de cosas e ideas me motivan? ¿Cuáles son los desafíos de mi entorno de trabajo actual y qué puedo hacer para resolverlos? ¿Qué habilidades puedo aportar a mi equipo? ¿Cómo estoy con mis proyectos y con mi aprendizaje?

## ¿Dónde quiero llegar?

¿Cuáles son mis objetivos estratégicos a largo plazo (1-2 años) en mi desarrollo profesional? ¿Cuáles son mis objetivos tácticos a corto plazo (1-2 meses) en mi desarrollo profesional? ¿Qué tipo de competencias quiero aprender? ¿Cómo me ayudan estas competencias a alcanzar mis objetivos? ¿Cuáles son los objetivos de mi equipo? ¿Cómo afectan a mis metas personales?

AMOR

JUSTICIA

BIENESTAR

SABIDURÍA

IGUALDAD

PAZ

CREATIVIDAD

DIVERSIDAD

TRADICIÓN

LIBERTAD

BELLEZA

RAZÓN

EXPLORACIÓN

PACIENCIA

EFICIENCIA

FORTALEZA

PROSPERIDAD

CONFIANZA

# VALORES

Todos luchamos por un ideal. ¿Qué valores te definen?
¿Qué principios defenderías a capa y espada?
Aquí tienes algunos ejemplos de valores con los que quizás
te identifiques más o menos. No es, ni mucho menos,
una lista exhaustiva, y puedes añadir otros. ¿Cuáles son
los más importantes para ti, los que más te motivan?

DIVERSIÓN

SOSTENIBILIDAD

EQUILIBRIO

COOPERACIÓN

RESPETO

CORAJE

FELICIDAD

LEALTAD

HONESTIDAD

TRANQUILIDAD

EXCELENCIA

COMUNICACIÓN

DIGNIDAD

DISCIPLINA

AMISTAD

# MI MURO

Dibuja grafitis en esta pared con los cuatro símbolos que representen tus valores más queridos —los principios por los que estarías dispuesto a luchar—. Puedes usar todos los colores que quieras y esmerarte a tope. Junto a cada símbolo te invitamos a escribir el nombre del valor y, si quieres, una breve explicación de qué significa para ti.

Cuando tengas tu equipo → **Teamzilla/024»**

# TALENTS

CONOCIMIENTOS

FORTALEZAS

### Artísticas
- Pintura
- Creatividad
- Música

### Comunicativas
- Idiomas
- Hablar en público
- Escritura

### Temáticas
- Ciencia
- Historia
- Literatura

### Organizativas
- Liderazgo
- Planificación
- Presupuestos

### Digitales
- Diseño web
- *Marketing* RRSS
- Programación

### Interpersonales
- Inteligencia social
- Sentido del humor
- Negociación

### Mentales
- Matemática
- Análisis
- Perspectiva

### Personales
- Coraje
- Optimismo
- Ecuanimidad

# HABILIDADES

Rellena estos espacios con los talentos, fortalezas, habilidades y conocimientos que ya tienes, los que podrías ofrecer a los demás (por ejemplo, en forma de cursos o consultoría) y los que crees que te harán falta para tus planes futuros. A la izquierda encontrarás algunos ejemplos en varias categorías.

No es el momento para falsas humildades. Alguna virtud tendrás. En caso de duda, pregunta a tu abuela

¿Qué tengo?

¿Qué ofrezco?

¿Qué necesito?

Cuando tengas tu equipo → **Teamzilla/024»**

Larry Page y Sergei Brin de Google empezaron en 1998 en un garaje desordenado que alquilaron a Susan Wojcicki, la futura directora de *marketing*. En tu caso, a lo mejor es un trastero, una habitación de huéspedes reconvertida, un centro de *coworking*, un despacho de tu empresa o una casa en un árbol. En el peor de los casos, reserva al menos una esquina de tu mesa de estudio y medio metro de estantería —pero que sea un espacio exclusivo para tu proyecto—. Quizás, con el tiempo, tu base irá cambiando, como sucedió con Google, que ahora tiene las oficinas más chulas del universo.

# ESPACIO

Mi base de operaciones

El recurso esencial para emprender cualquier proyecto
es el tiempo. ¿Que no tienes? Pues entonces búscalo,
róbalo, sácalo de donde puedas. Reduce tu consumo
de redes y series. Negocia un horario reducido de
trabajo. Emplea tus vacaciones, tus fines
de semana, tus mañanas, tus noches.
Ahorra un dinero y finánciate un sabático.
Lo importante es tener al menos unas
horas cada semana para dedicarle a esto,
y cuantas más, mejor. ¿Que sigues sin
tenerlo? Pues entonces tendrás que
esperar. ¡O reducir mucho la ambición
de tu proyecto!

TIEMPO

Horario semanal

Cuando tengas tu equipo → **Teamzilla/024»**

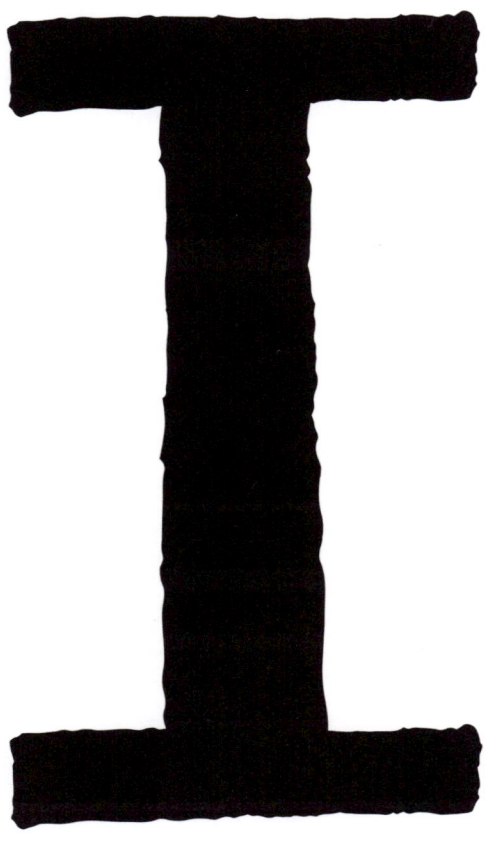

A algunas personas las apasiona el voleibol; a otras, la filosofía presocrática. Hay gente apasionada de J. K. Rowling, de Jay-Z y de Mazinger-Z. A otros les da por la gastronomía peruana, las disciplinas orientales o la cultura de la sauna escandinava. ¿Y a ti, qué te apasiona? Pistas: ¿qué estarías dispuesto a hacer, perseguir o investigar, aunque te pusieran por delante todos los obstáculos del mundo? ¿Qué haces cuando nadie te ve?

Rellena esta lista con lo que te apasiona. Pueden ser categorías más generales (los animales), más específicas (los perros) o aún más específicas (el *dogsurfing*, los *akita* japoneses…).

_____

_____

_____

_____

_____

_____

_____

_____

_____

_____

_____

_____

_____

_____

_____

Cuando tengas tu equipo → **Teamzilla/024»**

# MIS CÍRCULOS

A menudo no somos conscientes de los contactos valiosos que ya tenemos o que podemos conseguir si nos esforzamos, y que podrían convertirse en aliados, fuentes de información, consejeros, inversores, clientes, etc.

Escribe el nombre de todas las personas, instituciones y organizaciones relevantes que se te ocurran, a las que tienes acceso directo, indirecto o al menos posible. Dedica entre 10 y 15 minutos a cada nivel, y revisa la lista de vez en cuando.

Conozco directamente a la persona/institución/organización.

No tengo el contacto directo, pero sí que conozco a alguien.

No tenemos su contacto ni yo ni nadie cercano a mí, pero no es imposible que lo consiga.

Cuando tengas tu equipo → **Teamzilla/024»**

# GENTE NORMAL QUE LE DA AL PLAY ▶

### The Beatles

En 1957, John Lennon y Paul McCartney eran un par de chavales de Liverpool con una gran pasión por el *rock and roll* norteamericano. Crecieron en familias humildes y no recibieron ninguna educación musical formal, pero ya con 16 años le dieron al *play*. Se pusieron a tocar y escribir canciones, a veces incluso saltándose clases para componer. Tocaron más de 600 conciertos antes de grabar en 1962 su primer sencillo, *Love Me Do*, junto con otros dos compañeros, George Harrison y Ringo Starr. El resultado fue una revolución musical, social y cultural con una infinidad de consecuencias como...

### Greenpeace

En 1969, en la ciudad canadiense de Vancouver, un pequeño grupo de *hippies* comprometidos con la paz y el medioambiente empezaron a reunirse alrededor de la mesa de la cocina de una pareja de activistas, Irving y Dorothy Stowe. Decidieron detener una prueba nuclear en la isla Amchitka, en Alaska, y para darle al *play* organizaron un concierto benéfico con el objetivo de financiar su expedición en barco. Aunque no consiguieron detener la explosión de 5 megatones, el revuelo mediático finalmente acabó con estas pruebas en Amchitka. El pequeño grupo de pacifistas verdes inauguró así un movimiento ecologista global que tuvo, entre muchos otros resultados...

### Impact Hub

En 2002, unos jóvenes ecologistas británicos acudieron
a la Cumbre de la Tierra en Johannesburgo para montar
su propia cumbre alternativa junto con activistas locales de Soweto.
Numerosos jefes de Estado visitaron la iniciativa, que impresionó al propio
secretario de las Naciones Unidas, Kofi Annan. Y no dejaron de darle al *play*.
De vuelta a Londres, estos emprendedores sociales se preguntaron cómo
impulsar el cambio positivo desde el ámbito del trabajo. La respuesta fue
el primer Impact Hub, un espacio de colaboración para emprendedores,
innovadores, artistas y activistas. Este *loft* reconvertido, en Islington,
fue el primero de una red de centros con más de 320 000 emprendedores
(gente normal que le da al *play*) en 100 ciudades. Entre los miles de proyectos
que nacieron en Impact Hub, nos incluimos nosotros —TeamLabs/ (Nuestra
historia la encontrarás al final del libro). Ahora te pasamos el testigo...

Título de tu proyecto _____

_____

Tu historia _____

_____

_____

_____

_____

_____

(A rellenar cuando
tu proyecto se haya
vuelto leyenda,
por lo menos a
ojos de tu madre).

Cuando tengas tu equipo → **Teamzilla/024»**

▶ ¡Dale al PLAY!

¡Crea tu propia página! Algo que creas que falta sobre la temática *player*. Algo que puedas aportar desde tu experiencia. Y publícalo con el *hashtag* #DalealPLAY.

Añade el enlace
que quieras.

«

Añade el enlace
que quieras.

# TEAM

## HOMO SAPIENS: TRIUNFANDO (Y FRACASANDO) EN EQUIPO DESDE EL 70 000 A.C.

Casi todo lo mejor de nuestra especie (el Renacimiento, las Olimpiadas,
la anestesia, tu serie favorita...) y también lo peor de ella (las guerras,
el cambio climático, la mafia, el *spam*...) lo hemos logrado en equipos:
políticos, religiosos, empresariales, artísticos... ¿Y qué es un equipo?
Pues una agrupación de *players* que comparte una identidad, valores
y metas comunes, además de toda una serie de bromas y frases hechas
que sueltan y solo ellos entienden. Todo esto les permite actuar
como una entidad única, no solo sumando su potencial individual,
sino multiplicándolo, con una serie de ventajas tremendas.

**Suma de esfuerzos**

**Aprendizaje entre *players***

**Unión de habilidades y conocimientos**

**Diversidad de ideas y enfoques**

**Apoyo mutuo**

**Diversión**

# ¿EN QUÉ FASE ESTÁ TU EQUIPO?

El equipo es el entorno natural del *Homo sapiens*. Pero, igual que aprendemos a caminar, hablar o razonar, también tenemos que aprender a funcionar en equipo. Para esto, hay que entrenar mucho, a lo largo de varias fases evolutivas.

De momento voy sin equipo.

**Single player/021»**

**Búsqueda/022»**

Necesito más *players*.

Aún no nos sentimos equipo.

**Creación/023»**

Equipo formado: *ready to play*.

**Ritos/070»**

**Desarrollo/080»**

# TEAM
## SINGLE PLAYER

¿Puedes cambiar el mundo sin equipo? Desde luego. De hecho, es imposible no hacerlo, ya que cada una de tus acciones, por pequeña que sea, contribuye a la historia de la humanidad. Pero, si quieres que tus ideas tengan verdadero impacto, probablemente vas a necesitar un equipo antes o después.

Aunque el cine y la mitología popular se centran a menudo en genios aislados —como Greta Thunberg o Steve Jobs—, estos suelen ser la excepción a la regla. La mayoría de las veces, el cambio lo desencadenan equipos de **gente normal que le da al _play_** (/018»).

Además, incluso las personas geniales suelen participar en equipos, a menudo liderándolos. El primer día de su famosa protesta contra el cambio climático a las puertas de su colegio, Greta Thunberg fue sola. Pero el segundo día ya fue acompañada, y pronto fundó el movimiento global Fridays for Future, que colabora también con otras ONG de medioambiente. En cuanto a Steve Jobs, sin duda fue un genio, pero, al desarrollar el Macintosh, el iPhone o el iPad, no estaba solo: le acompañaron cientos de hombres y mujeres, ingenieros y diseñadores en equipos de alto rendimiento.

**Si pudieras unirte a cualquier equipo, ¿cuál elegirías?**

**¿Qué equipo te gustaría fundar?**

**¿Qué podría aportar un equipo a tu proyecto, ahora o en el futuro?**

Hay muchos proyectos que no necesitan todo un equipo. Al fin y al cabo, seguro que tendrás intereses que no puedas compartir con nadie, que no tendría sentido compartir o que sencillamente prefieres no compartir. Quizás incluso seas alguien que ama la soledad, aislarte en tu mundo y cultivar tu propio jardín. ¿Por qué no? Existen millones de proyectos que acometer en solitario o con el apoyo puntual de otras personas:

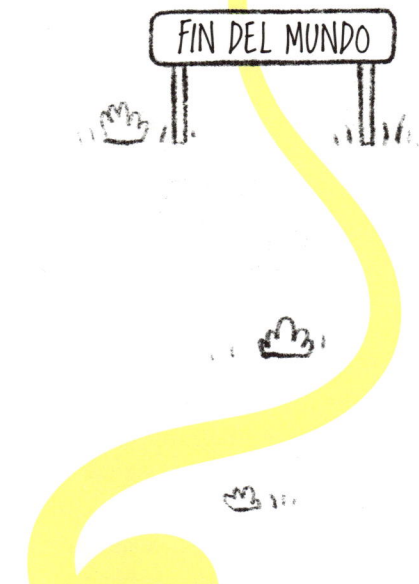

- Grabar un TikTok cantando con tu perro
- Coleccionar *memorabilia* de *Star Wars*
- Aprender trucos de cartas
- Cruzar el continente en bicicleta
- Reinventarte como artista de tatuaje
- Dar una serie de microconciertos de piano en Instagram Live
- Redecorar tu casa
- Escribir una novela en Wattpad
- Correr un maratón solidario
- Batir el récord mundial de comer palomitas
- Montar un blog sobre ornitología
- Iniciar una petición política en Change.org
- Diseñar un vestido para la boda de tu prima

En este libro encontrarás muchas pistas sobre cómo poner en marcha tus ideas con tu *single player team*. Puedes comenzar desde ya, explorando qué prácticas puedes incorporar de las fases de creación, ritos y desarrollo de equipos (/023», /070» y /080»).

Dicho esto, es posible que con el tiempo las cosas cambien. Quizás tus vídeos de TikTok se vuelvan cada vez más ambiciosos, y sientas la necesidad de buscar colaboradores. O te aburra entrenar para maratones sin algo de compañía. O quieras aliarte con otras escritoras de Wattpad para formar una asociación, un grupo creativo, ¡una novela a 16 manos! Si es así, necesitarás buscar más *players*...

# TEAM
## BÚSQUEDA

¿Que cómo encontrar a tu *dream team*? Solo tienes que seguir el ejemplo de Danny Ocean en *Ocean's 11*, o del profesor en *La casa de papel*, cuando se ponen a fichar a los miembros del equipo en casas de apuestas y tugurios infames.

▶ Levántate de tu sillón. En tu sillón no vas a conseguir nada.

▶ Acude a los ***play centers*** (al final del libro encontrarás una lista).

▶ Identifica a tus *top players* (ver más abajo).

▶ Invítalos a una reunión para proponer tu plan, discutir el suyo o desarrollar uno en equipo.

▶ Prepara tu mejor sonrisa George Clooney.

▶ Si hay afinidad por ambas partes, ¡lo celebráis! Y elaboráis un plan de colaboración (nosotros lo llamamos el «plan de roce»).

Confiamos en que tu sueño no sea cometer un atraco perfecto. Solo es un ejemplo peliculero para que nos entendamos.

### Cómo identificar a tus *top players*

1 Alguna pasión (o incluso un propósito concreto) común (/016»).

2 Que compartan **tus valores** (/013»).

3 Que te den buen rollo (y quizás buenas referencias).

4 Que tengan **tiempo disponible** (/015»).

5 Que conformen un equipo lo más diverso posible: una experta en explosivos irlandesa, un tunelador mexicano de amplia experiencia, un hábil *hacker* sudafricano, una estafadora gaditana con mucha labia…

Repetimos: ¡¡es solo UN EJEMPLO!!

# DREAM TEAM PLANNER

### Cinco comunidades/foros/redes *online* que voy a seguir de cerca desde ya

| Nombre | Tiempo semanal de participación |
| --- | --- |
|  |  |
|  |  |
|  |  |
|  |  |
|  |  |

### Cinco eventos, centros, asociaciones o cursos que voy a explorar

| Nombre | Cuándo voy a visitarlo |
| --- | --- |
|  |  |
|  |  |
|  |  |
|  |  |
|  |  |

### Top *players* que voy identificando

| Nombre | Cuándo voy a tirarle los tejos |
| --- | --- |
|  |  |
|  |  |
|  |  |
|  |  |
|  |  |

Te advertimos que esto no es como en las películas, donde el estratega monta su *dream team* en cinco minutos. Este proceso puede durar días, semanas, meses o años. Y posiblemente concluya de la forma más inesperada —por ejemplo, que llegue otro *player* y te fiche a ti (de hecho, al final es un proceso cocreado en el que nos «fichamos» mutuamente)—. Mientras tanto, a lo mejor tendrás que ir avanzando en solitario o con el equipo incompleto.

**Creación/023»**

# TEAM
## CREACIÓN

Un grupo no es lo mismo que un equipo.
Los miembros de un equipo comparten metas,
valores y pasiones, además de un sólido
compromiso de trabajo. Y, sobre todo, se *sienten*
equipo. Luchan por él. Se sacrifican por él.
La identidad de cada miembro está ligada
fuertemente con la del equipo.

## ¿Cómo se consigue esta identificación?

En la psicología de las organizaciones, la cosa está muy estudiada.
Pero no vamos a aburrirte ahora con teorías y experimentos.
En vez de ello, te invitamos —os invitamos— a realizar vuestro propio
experimento creativo, con seriedad pero sin solemnidad (/038»).
Consiste de cinco fases (representadas en la siguiente página),
que podéis completar en las primeras semanas o meses.

Superar estas cinco fases es solo el inicio de la vida de un equipo.
Al finalizar el proceso de creación, podéis ya empezar a generar
**ideas** de proyectos (/030»), pero al mismo tiempo tenéis
que crear vuestros **ritos** cotidianos (/070») y comenzar el proceso
de **desarrollo** a largo plazo (/080») que os acompañará a lo largo
de vuestra historia. ¿Todo a la vez? Sí, todo a la vez.

**Teamzilla/024»**

**Bosque y vuelta/025»**

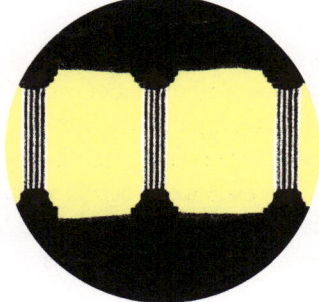

**Cimientos/026»**

**Team Leaders/027»**

**The Challenge/028»**

# ¡TEAMZILLA!

Un equipo es mucho más que la suma de sus partes. Es una bestia nueva y única, una quimera alucinante, un coloso con superpoderes inesperados, un... ¡TEAMZILLA!

Sí, llegó el gran momento de unir las capacidades, fortalezas, recursos, pasiones y valores de vuestros y vuestras *players* en un mismo monstruo, un engendro aún algo descontrolado y patoso, pero sin duda lleno de vitalidad y poderío.

▶ Arrancar con **juegos rompehielos** (/039»).

▶ Compartir las fichas que rellenasteis en la **fase *player*** (/010»).

▶ En el recuadro grande de la página derecha, dibujar y colorear una extraña criatura compuesta de los elementos más significativos o importantes de cada miembro.

▶ La idea es representar los elementos de forma gráfica, con etiquetas explicativas. Los valores podrían ser las patas que lo sostienen. Los brazos, alas y tentáculos quizás representen habilidades o talentos.

▶ Las pasiones pueden ser órganos internos. En fin, lo dejamos a vuestra fértil imaginación.

▶ En la caja de arriba podéis añadir un rótulo con el nombre del esperpéntico gigante. No se trata del nombre del equipo, sino de una especie de mascota que quizás algún día decorará el rincón más oscuro de vuestra base de operaciones.

# BOSQUE

En TeamLabs/, celebramos el nacimiento de nuestros nuevos equipos con un rito llamado *forest and back*, o 'bosque y vuelta'. Es aquí donde estrecharéis lazos y forjaréis vuestra identidad como equipo único e irrepetible en la historia de la humanidad.

▶ Reservar un fin de semana en naturaleza (en plan *camping* si no hay mucho presupuesto, como suele ser el caso). No tiene por qué ser un bosque: vale un desierto, una playa o la ladera de un volcán. Basta con que represente un lugar distinto de vuestro entorno cotidiano, que no vayáis a olvidar fácilmente.

▶ Además del pijama y el cepillo de dientes, meter en las mochilas los ***learning diaries*** (/011»), el **Teamzilla** (/024»), rotuladores, pósits, hojas grandes de papel y cámara de vídeo con trípode.

▶ Programar las comidas en grupo y alguna actividad divertida para disfrutar el sábado por la mañana: senderismo, esquí, gincanas, *rafting*, tiro con arco, circuito de tirolinas. ¡La diversión es un tema muy serio para los equipos creativos! (/038»).

▶ Reservar una sesión para compartir vuestros ***learning contracts*** (/012») individuales. En esta sesión, el equipo debe comprometerse a facilitar los objetivos de aprendizaje de todos sus miembros, el primer paso para ir creando vuestro cohete de aprendizaje (/086»).

▶ El momento culminante lo viviréis el sábado por la tarde: vuestro primer ***birth giving*** (/066»). Se trata de una dinámica de innovación acelerada, en este caso de cuatro horas de duración. En este tiempo limitado, con la ayuda de todos vuestros rotuladores, hojas y pósits, debéis dar respuesta conjunta a la pregunta:

## ¿QUÉ EQUIPO QUERÉIS SER?

He aquí la pregunta clave para sentirse equipo y, por lo tanto, para ser equipo. En la siguiente página encontraréis los cuatro elementos fundamentales de esta cuestión existencial. Cuando hayáis rellenado estos bloques y realizado vuestro vídeo del *birth giving*, ya podéis cenar y celebrar a gusto. ¡Feliz nacimiento!

▶ El domingo, después de un buen desayuno y quizás alguna otra actividad tranquila, volveréis al mundo ordinario.

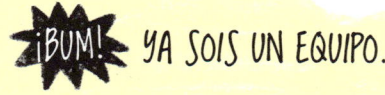

¡BUM! YA SOIS UN EQUIPO.

# Y VUELTA

**Nombre del equipo:**
Un nombre corto, memorable, único y atractivo

**Valores:**
Los que realmente
compartís y pueden
motivaros

**Misión:**
A qué os vais a dedicar, para quién y de qué manera

**Visión:**
Vuestro plan para mejorar el mundo (/087»). ¿A qué aspiráis?
¿Qué da sentido a vuestro trabajo?

**Cimientos/026»**

¿Vais a constituir vuestro equipo legalmente? Si es así, tendréis que iniciar el recorrido por el laberinto de la burocracia, y antes de adentraros, os recomendamos estudiar bien las diversas opciones y trámites. O mejor aún, asesoraos con algún gestor, asociación u organismo oficial que pueda resolver vuestras dudas.

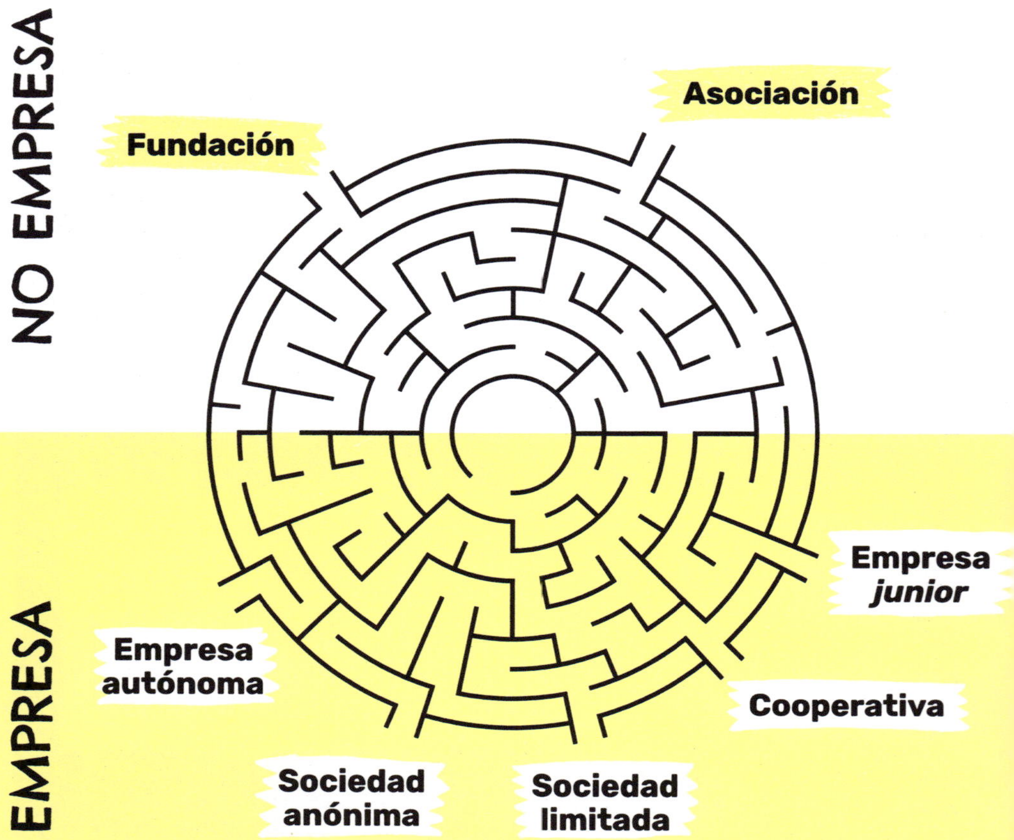

NO EMPRESA

EMPRESA

**Fundación**

**Asociación**

**Empresa junior**

**Empresa autónoma**

**Cooperativa**

**Sociedad anónima**

**Sociedad limitada**

«023/Creación

Incluso si no decidís crear una entidad jurídica, tendréis
que establecer vuestros cimientos: una base de operaciones,
un tiempo de dedicación a vuestros proyectos, y vuestras normas
de funcionamiento. Mejor dejar las cosas claras ahora que tener
que pelear luego por malentendidos.

**Base de operaciones:**

**Tiempo de dedicación:**

**Normas:**

**Team Leaders/027»**

NTOS

# TEAM LEADERS

Foto o dibujo

**Nombre**

**Título:** TEAM LEADER

**Responsabilidades:**

Liderar el equipo

Coordinar a los otros líderes

**Nombre**

**Título:** FINANCIAL LEADER

**Responsabilidades:**

Finanzas

Contabilidad

Foto o dibujo

A no ser que decidáis ser completamente anárquicos (luego nos contáis a ver qué tal), tendréis que establecer unos roles claros para saber quién se responsabiliza de qué. ¿Cómo los vais a asignar? ¿Proponiendo candidaturas y eligiendo? ¿A suertes? ¿Con duelos de sable láser? A nosotros nos da igual. Sugerimos elegir al menos cuatro roles (si no os gustan los nombres que les hemos puesto, los cambiáis por otros):

**Foto o dibujo**

**Nombre**

**Título:**  CUSTOMER LEADER

**Responsabilidades:**

Relaciones externas (clientes, expertos, aliados, etc.)

Elegir, cuidar y hacer seguimiento de estas relaciones

**Nombre**

**Título:**  COMMUNICATION LEADER

**Responsabilidades:**

Comunicación externa

Comunicación interna

**Foto o dibujo**

Habéis unido pasiones, valores y fortalezas en un temible Teamzilla. Habéis forjado vuestra identidad en el corazón del bosque. Habéis asentado las bases y elegido a los líderes. ¿Qué más puede faltar para convertiros en un auténtico equipo?

Pues nos vemos obligados a informaros que aún queda lo más importante. El paso decisivo. La prueba de fuego a la que solo sobrevivirán los equipos que merezcan ese nombre:

# ▶ THE CHALLENGE

Sí, queridos *players*, llegó el momento de afrontar vuestro primer gran desafío. Solo así podréis conoceros realmente y descubrir si tenéis lo que hace falta para emprender juntos.

*The challenge* no es un proyecto cualquiera. No es un juego, un simulacro o una prueba simpática para principiantes. Es enfrentaros al fuego real para conoceros de verdad y descubrir vuestra capacidad como equipo. Debéis escoger un objetivo tan ambicioso que, sin llegar a ser imposible o disparatado, os haga temblar. Si no, no sería THE CHALLENGE.

Nos tienta mucho contaros cuál es el terrible *challenge* al que solemos someter a los nuevos equipos de nuestro grado universitario LEINN. ¡¡Pero es el secreto mejor guardado de TeamLabs!! Si te carcome la curiosidad, tendrás que preguntárselo a alguno de los supervivientes. Basta con decir que, al escuchar la noticia, a nuestros jóvenes emprendedores se les suelen quedar unas expresiones WTF antológicas. (Si desconoces el significado de WTF, ya lo estás googleando).

## MUY IMPORTANTE:
el objetivo escogido deberá ser **_smart_** (/065»).

**Ejemplos de desafíos para realizar en UNA SEMANA:**

▶ **Empresa de diseño gráfico**
Facturar 999 euros en una semana, como sea (vendiendo camisetas, mecheros y tazas con sus diseños, por ejemplo).

▶ **Conjunto de *jazz***
Montar un concierto y llenar una sala con capacidad para 200 asistentes.

▶ **Plataforma política**
Lanzar una campaña en redes sociales para conseguir al menos 500 seguidores.

▶ **Asociación ecologista**
Convencer a 50 habitantes del pueblo para limpiar de plásticos una playa.

▶ **Productora audiovisual**
Planificar, rodar y editar un documental de 15 minutos sobre la adicción a los móviles.

▶ **Sociedad académica o profesional**
Conseguir 100 socios dispuestos a pagar la membresía.

**Nuestro *challenge***

**Fecha tope**

**Descripción**

► ¡Dale al PLAY!

¡Crea tu propia página! Algo que creas que falta sobre la creación de equipos. Algo que hayas aprendido al crear el tuyo.
Y publícalo con el *hashtag* #DalealPLAY.

Añade el enlace
que quieras.

«

Añade el enlace
que quieras.

# I D

## 1 EXPLORAR

¿Cuál es el reto?
**/031»**

## 2 INTERPRETAR

¿Qué hemos aprendido?
**/032»**

Cualquier equipo puede montar un *brainstorming*, pasar un buen rato y parir un montón de ideas. Pero, para dar con una BUENA idea que luego pueda implementarse (**/050»**) con éxito, hace falta currárselo más.

¿Qué hace que una idea sea buena, al fin y al cabo? Según nuestra experiencia, se trata de una respuesta PRECISA a un desafío ESPECÍFICO que afecta a una categoría de personas CONCRETA.

E A

3 4

**INVENTAR**

¿Qué creamos?
**/033»**

**PROTOTIPAR**

¿Cómo lo construimos?
**/040»**

El *design thinking* es una metodología probada para irnos acercando progresivamente, y en equipo (/080»), a esta solución. El doble diamante dibujado en esta página representa el proceso.

Avanzar por las cuatro fases de exploración, interpretación, invención y prototipado requiere mucho más trabajo que simplemente pegar unos cuantos pósits sobre una pared. Pero te aseguramos que vale la pena.

# IDEA
## EXPLORAR

Si el reto no está bien definido, va a ser difícil generar ideas útiles. Da igual cuál sea vuestra misión (**/025»**): salvar las focas, crear una marca de camisetas o mejorar el servicio al cliente en un parque de atracciones. El reto hay que irlo refinando a medida que avanzamos, comenzando con una primera fase de exploración.

▶ Escribir en el primer círculo la versión preliminar de vuestro desafío, comenzando con las palabras «¿Cómo podríamos…?». Por ejemplo: «¿Cómo podríamos conseguir que la gente mayor se interesara más por el medioambiente?» o «¿Cómo podríamos diseñar una *app* para padres y madres primerizos?».

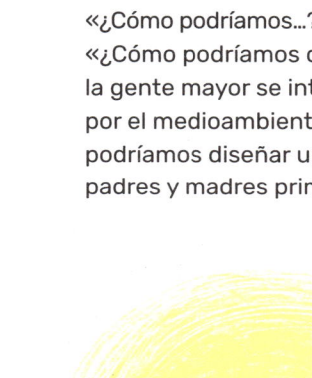

SI QUERÉIS MEJORAR EL MUNDO, NO BUSQUÉIS UNA
## BUENA IDEA

▶ Organizar una reunión para dialogar sobre el reto (**/073»**). ¿Qué interés tiene? ¿Es demasiado amplio o específico? ¿Se entiende bien? ¿Estáis de acuerdo? Al final de la reunión, podéis añadir una nueva versión del reto en el segundo círculo.

▶ Para llegar a la tercera versión, tendréis que abordar una exploración en serio:

▶ Más adelante, en el proceso de *design thinking* (**/030»**), puede que aún tengáis que refinar el reto alguna otra vez.

**A la busca y captura de la inspiración** (**/034»**)

**¿Quiénes son nuestros usuarios y usuarias?** (**/035»**)

**Extraer los aprendizajes** (**/032»**)

BUSCAD UNA
# BUENA PREGUNTA

# IDEA
## INTERPRETAR

En la fase **explorar** (/031») habéis acumulado fotos, dibujos, audios, vídeos, materiales, perfiles, mapas de empatía, una cantidad enorme de apuntes... y probablemente bastante confusión mental. Ahora llegó el momento de poner un poco de orden, extraer de todo ello los aprendizajes clave y definir el reto lo mejor posible, antes de pasar a la fase de **inventar** (/033»).

▶ Reunir a todo el equipo, junto con los materiales acumulados y un montón de pósits y rotuladores gordos.

▶ Compartir:
— las historias y frases más inspiradoras de las personas entrevistadas,
— las experiencias más impactantes vividas en lugares visitados,
— los perfiles de usuario y mapas de empatía creados.

▶ Anotar en pósits:
— los detalles más llamativos,
— los aprendizajes más importantes,
— todo lo que queráis destacar.

▶ Pegar los pósits en una pared o pizarra y leerlos en voz alta.

▶ Juntar los pósits en grupos de conceptos o preguntas relacionadas.

▶ Dar un nombre (un tema) a cada grupo de pósits.

▶ Explorar las conexiones entre los temas, y ver si podéis agrupar varios temas en una misma categoría, probando distintas posibilidades.

▶ Discutir en equipo sobre cada tema y categoría. ¿Qué es lo que más os entusiasma? ¿Hay diferencias de opinión? ¿Cómo se relacionan con el reto?

▶ Extraer *insights*: aprendizajes clave que arrojan luz sobre el reto y permiten verlo desde nuevas perspectivas.

▶ Escribir los *insights* más destacables en la página de la derecha.

▶ A partir de estos *insights*, redefinir el reto inicial (/031») identificado en la fase de exploración, probando distintas opciones.

## 032

# INSIGHTS

Hemos descubierto...

**El nuevo reto**

¿Cómo podríamos...?

¡Ahora sí llegó el momento de generar buenas ideas!

**Inventar/033»**

# IDEA
## INVENTAR

Tras una sólida exploración (**/031**»)
y con el reto bien definido (**/032**»),
ahora ya podéis generar ideas potentes
en un clásico *brainstorming*.

Os harán falta un montón de pósits
y rotuladores gordos, un espacio con
paredes libres o con rotafolios (para
ir pegando los pósits) y un tiempo
limitado (15–20 minutos por cada esprint
creativo) para mantener el foco y la
energía. No es mala idea traer también
algo para picar (y si es dulce, ¡mejor!).

Recomendamos trabajar en grupos
no demasiado grandes (6–8 es ideal).
Si hay más participantes, os podéis
dividir en grupos y luego poner en
común los resultados.

La sesión puede focalizarse en el reto
principal o en varios subretos, cada
uno con su pequeña lluvia de ideas
y sus 15–20 minutos.

▶ Entrar en el juego (**/038**»), con un
ejercicio rompehielos (**/039**»).

▶ Escribir el reto con letras enormes,
en algún lugar bien visible, para
tenerlo siempre presente.

▶ Iniciar el reloj, con un tiempo límite
muy claro. La sensación debería
ser la de una bomba de relojería
que hay que desactivar y que
amenaza a toda la humanidad.

▶ Durante unos minutos, cada
participante escribe todas las ideas
que se le ocurran, una por pósit.

▶ Al cabo de este tiempo, comienza
la fase de compartir ideas.
Los participantes se van turnando
y colocan en la pared una idea cada
vez. Al hacerlo, leen la idea en voz
alta y, si hace falta, la explican.

▶ Respetar en todo momento los
principios del *brainstorming*.

▶ Terminar a la hora decidida.
Los últimos minutos pueden
ser frenéticos. ¡El futuro de la
humanidad pende de un hilo!

▶ Y tras la alocada tormenta,
podéis pasar a la siguiente fase.

## 033

# PRINCIPIOS DEL BRAINSTORMING

**Cuantas más ideas, mejor**
Sugerimos poner una meta absurda (tipo 50 ideas por persona como mínimo) y superarla con creces.

**No juzgar**
Durante esta fase, no existen malas ideas. Luego ya habrá tiempo para evaluar y escoger.

**Fomentar ideas locas**
Aunque una idea pueda parecer imposible, quizás estimule otra que no lo es, o contenga algún elemento útil.

**Construir sobre las ideas de los demás**
Hay que evitar el «pero...» y fomentar el «vale, y además...».

**Dibujar las ideas**
El *Visual Thinking* (/068») es una forma muy económica de comunicar el concepto.

**Foco en el tema**
El reto escrito en la pared debe guiar siempre el esfuerzo.

**No hablar a la vez**
Es importante escuchar todas las ideas, para construir sobre ellas.

*Dotmocracy/037»*

# A LA BUSCA Y CAPTURA DE LA INSPIRACIÓN

No esperes que la inspiración te llegue en la ducha, en un sueño o contemplando la puesta de sol desde alguna terraza. Hay que perseguir la inspiración en los lugares donde se esconde. ¿Y dónde se esconde? Pues depende del reto. Pero, desde luego, no la busques en la ducha (a no ser que vuestro reto tenga que ver con el jabón o las mamparas).

▶ Crear con el equipo una lista de lugares inspiradores que visitar. Pueden estar relacionados directamente con vuestro reto, o simplemente proporcionar una perspectiva innovadora. En la página derecha, escribe el *top 5* (debe ser realista pensar que vais a poder visitarlos).

▶ Crear con el equipo una lista de personas expertas o inspiradoras que os encantaría entrevistar, ya sea en vivo o virtualmente. En la página derecha, escribe el *top 5* de los que podéis acceder mediante vuestros **círculos** (/017»).

▶ Agendar visitas para conocer estos lugares y personas inspiradores.

▶ Preparar bien las visitas con un documento pre-**Motorola** (/067»), respondiendo a preguntas que sirvan para guiar la investigación. ¿Qué os gustaría aprender? ¿Qué comportamientos queréis observar? ¿Qué características estéticas, espaciales, temporales, prácticas, logísticas, organizativas, financieras, de *marketing*, etc., os interesan especialmente? ¿Qué es lo que más estimula vuestra curiosidad? En la página derecha, escribe vuestras *top 10* preguntas.

▶ Tomar buenos apuntes y realizar dibujos en vuestros ***learning diaries*** (/011»). Sacar fotos, grabar vídeos o audios y recoger materiales físicos o virtuales. Todo lo que os pueda inspirar futuras ideas.

## 034

## *Top 5* lugares inspiradores

## *Top 5* personas inspiradoras

## *Top 10* preguntas guía

# ¿QUIÉNES SON NUESTROS USUARIOS Y USUARIAS?

**Nombre**

**Descripción**

**Nombre**

**Descripción**

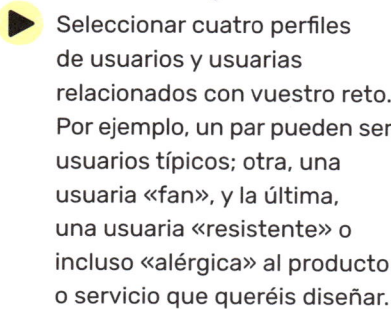

▶ Seleccionar cuatro perfiles de usuarios y usuarias relacionados con vuestro reto. Por ejemplo, un par pueden ser usuarios típicos; otra, una usuaria «fan», y la última, una usuaria «resistente» o incluso «alérgica» al producto o servicio que queréis diseñar.

▶ Inventar un nombre para cada perfil (¡os podéis divertir con esto!) y añadirlo a cada una

de las cuatro fichas de esta página.

▶ Describir en detalle cada uno de los cuatro perfiles (ver preguntas en la página derecha).

▶ Dibujar la cara o la figura de cada perfil.

▶ Preparar **mapas de empatía** (/036»), conociendo representantes de carne y hueso de cada perfil.

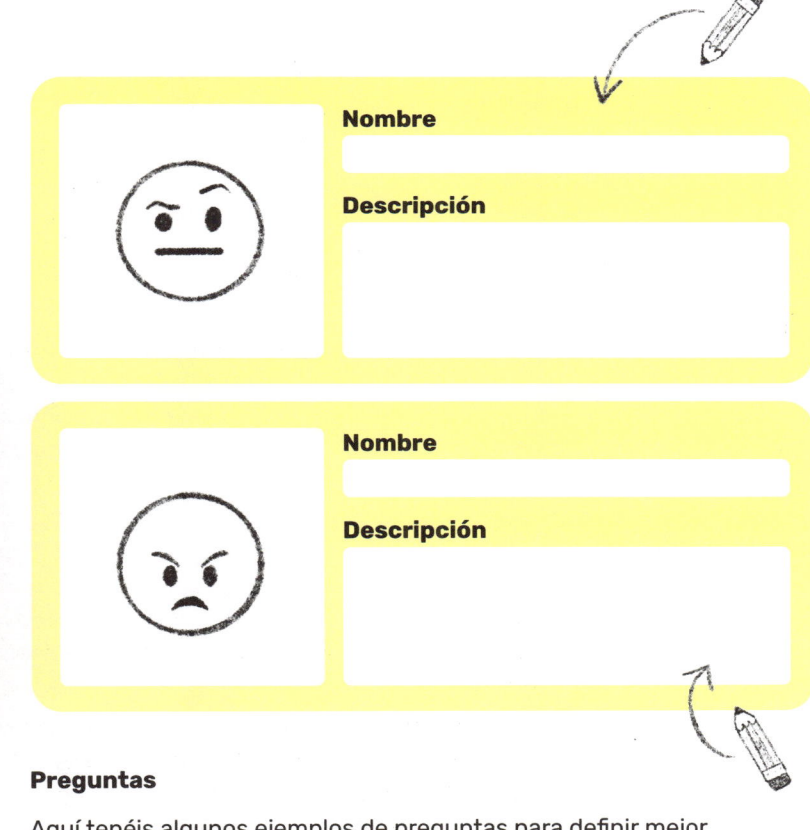

## 035

**Nombre**

**Descripción**

**Nombre**

**Descripción**

## Preguntas

Aquí tenéis algunos ejemplos de preguntas para definir mejor vuestros perfiles:

- ¿Edad?
- ¿Género?
- ¿Estado civil?
- ¿Niños?
- ¿*Hobbies*?
- ¿Trabajo o estudio?
- ¿Qué le gusta y le disgusta?

- ¿Cuál es su actitud hacia el reto?
- ¿Cómo es su personalidad?
- ¿Cuáles son sus frases típicas?
- ¿Qué busca en la vida?

# MAPA DE EMPATÍA

Una de las claves del *design thinking* (**/030»**) es conocer en profundidad a nuestros usuarios. Si queremos diseñar productos, servicios o procesos ajustados a sus necesidades, debemos convertirlos en el centro de todo el proceso.

► Seleccionar una o más personas de carne y hueso que representen cada perfil (**/035»**).

► Frecuentar los lugares donde se mueven y observar su comportamiento.

► Entrevistar a una persona por cada perfil.

► Realizar un cuestionario *online* para preguntar a un grupo más amplio sobre sus pensamientos y actitudes.

► Investigar sus blogs, opiniones escritas y otros testimonios.

► Revisar todo el material de investigación recogido en equipo y rellenar juntos un mapa de empatía por cada perfil, tratando de buscar *insights* (aprendizajes clave).

CLAVES PARA RELLENAR EL MAPA

**Piensa y siente:** Filosofía de vida, lo que le motiva y le emociona, esperanzas y sueños, lo que le importa y lo que no.

**Dice y hace:** Lenguaje y terminología, gestualidad, actividad, actitud y comportamiento, horario habitual, por dónde se mueve, dónde pone su esfuerzo, qué decisiones toma.

**Ve:** Punto de vista, entorno físico, aspectos estéticos, visión del mundo, percepciones, hábitos culturales (televisión, lectura, teatro, *apps*, canales de *streaming*...).

**Escucha:** Opiniones que le rodean, qué y a quién escucha, ambiente musical, lenguaje y tono de su entorno.

**Problemas:** Lo que le molesta, obstáculos, frustraciones, desafíos, dudas, lo que evita.

**Oportunidades:** Lo que le apasiona, objetivos, necesidades, placeres, lo que considera el éxito y cómo lo mide.

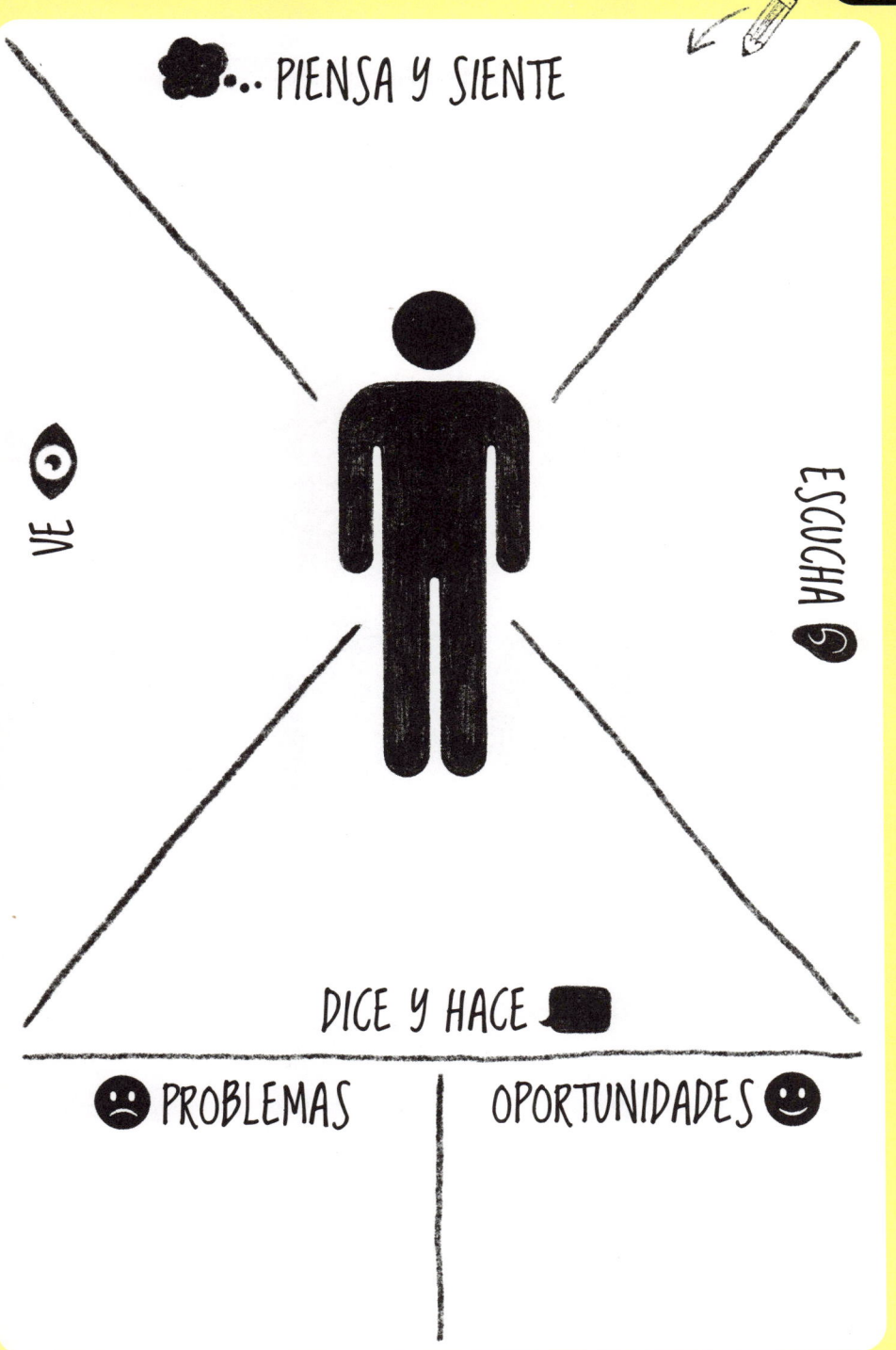

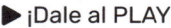

## 036

Ahora
tenemos cientos
de ideas.

La mayoría
son malas, absurdas
o impracticables.

¿Cómo
seleccionamos
las mejores?

A nosotros
nos gusta la
*puntocracia*.

Es fácil,
rápida
y divertida.

DOTMO

▶ Poner un poco de orden en las ideas del **_brainstorming_** (/033»), juntando en grupos las que son muy parecidas o idénticas.

▶ Cada participante vota por las ideas con un número limitado de puntos (dos o tres), que se colocan directamente sobre los pósits.

▶ Se escoge la idea (o dos o tres ideas) más votada.

▶ A partir de entonces, se pasa a la siguiente fase.

Se vota
con pegatinas
con forma
de puntos.

O se dibujan
puntos con
rotulador.

No votéis
las ideas que más
os gusten.

Votad las ideas
que responden
mejor al reto
(**/032»**).

Las que
se ajustan
al usuario
(**/036»**).

# CRACY

Otros criterios
pueden ser:

La más
materializable.

La que pueda
lanzarse más
rápidamente.

La que más
motiva al
equipo.

Con la que
más vamos
a aprender.

*Prototype/**040»***

Cuando decimos que hay que darle al *play*, nos referimos también a *play* en el sentido de 'juego'.

La creación es, por su naturaleza, una actividad lúdica. Crear requiere darse el permiso para transformar el mundo con la imaginación, y tomarse las malas ideas, los errores y los inevitables fracasos (**/006»**) con sentido del humor. Eso es lo que hacemos cuando jugamos.

Todo el mundo sabe jugar. Pero a menudo los adultos tenemos el niño o la niña interior un poco olvidado, y nos cuesta entrar en el juego. Nos resistimos con esa idea de que hay que ser serios, confundiendo a veces la seriedad (sin duda importante) con la solemnidad (que puede ser contraproducente).

Por ese motivo, incluimos aquí estos datos contundentes que quizás os ayuden a tomaros la diversión muy en serio:

— Las empresas más innovadoras, como Google, incorporan el juego en sus reuniones de trabajo de forma habitual, como parte de su estrategia para crear un **espacio seguro** (**/064»**). Por eso tienen toboganes y futbolines en sus oficinas.

— Thomas Edison, cuando creó su famoso laboratorio de Menlo Park, también introdujo elementos lúdicos, como un órgano de tubos, bromas entre los empleados y un oso de mascota.

— Desde los años setenta, numerosos estudios han demostrado que las emociones positivas potencian la creatividad, la toma de decisiones, la memoria, la motivación y la cohesión social.

— Por ejemplo, en un experimento de la psicóloga Alice Isen, un problema muy difícil de resolver (con un éxito del 10-15 %) se volvió bastante fácil (con un éxito del 65-75 %) cuando antes los participantes veían un vídeo cómico o recibían un pequeño regalo.

— El juego es una de las formas más rápidas y baratas de generar emociones positivas. ¿Se te ocurre otra mejor?

▶ Decorar vuestro espacio de trabajo con elementos lúdicos y cómicos, y darle marcha al ambiente con alguna banda sonora de vez en cuando.

▶ Haceros fotos y vídeos divertidos siempre que podáis.

▶ Celebrar los éxitos grandes y pequeños. E incluso los fracasos.

▶ Daros permiso para jugar, bromear y reír —con respeto y buen gusto, claro está—.

▶ Que no falten juguetes en las salas de reuniones: muñecos frikis, pistolas Nerf, sables láser, *frisbees* y pelotas blandas, Lego…

▶ Organizar cenas, actividades y eventos para que podáis divertiros en equipo (con o sin disfraces). Incluso podéis nominar a un *chief happiness officer* o crear un Ministerio de la Diversión para organizar estos saraos.

▶ Celebrar todos los años el Día Internacional de la Diversión en el Trabajo (1 de abril).

▶ Arrancar las reuniones, sobre todo las de generación de ideas (/033»), con algún **juego rompehielos** (/039»).

▶ Añadir un par de ideas aún más alocadas a esta lista, pensando en lo que más divierta a vuestro equipo.

▶ _____

_____

▶ _____

_____

**Idea/030»**

# JUEGOS

## DINÁMICAS RÁPIDAS PARA GENERAR BUEN AMBIENTE*

### Cuento compartido

Puede jugarse en parejas o en un grupo más grande. La idea es contar un cuento «palabra por palabra». El primer participante dice la primera palabra. El siguiente dice la segunda. Y así sucesivamente, hasta el final del cuento. No hay que intentar ser especialmente gracioso, sencillamente aceptar todo lo dicho y construir sobre ello. Se puede escoger, antes de empezar, un título para guiar la historia. Otra variante es probar con cuentos «frase por frase». Ayuda también, sobre todo al principio, proponer un objetivo concreto del cuento, por ejemplo «instrucciones para atracar un banco» o «instrucciones para viajar a la tercera luna de Júpiter».

### La herradura numérica

El grupo se distribuye en forma de herradura. Cada persona dice un número, en orden, comenzando con el 1. Este será el número de cada persona. La primera —la número 1— dice el número de otra persona: «¡12!». Esa persona inmediatamente dice el número de otra: «¡8!». Y así sucesivamente. El primero que titubee lo más mínimo antes de reaccionar, o que diga un número incorrecto (el suyo propio o uno que no existe), pierde el puesto y se coloca al final de la línea. Ahora esta persona, y todos los que iban detrás de ella, tienen números distintos. El juego continúa.

### *Brainstorming* disparatado

Antes de una lluvia de ideas seria, se pueden pedir ideas para un reto absurdo, estrambótico o gracioso: usos originales para un cepillo de dientes, nombres de superhéroes que fracasaron (Caspaman, Wonderpija, El Increíble Hooligan…), cómo cuadrar el círculo.

# ROMPEHIELOS

### ▶ Fallos de comunicación

Se plantea cualquier reto sencillo para una lluvia de ideas, pero hay que hablar en húngaro o japonés (inventado, evidentemente), o solo con las vocales (o consonantes), o hay que comunicar todo con mímica, o pronunciando cada palabra al revés, o con cualquier otra regla disparatada.

### ▶ Competición de mimos

Se juega en dos grupos. Una persona facilita el juego diciendo el nombre de un objeto o elemento (una tostadora, el monte Fuji, una bicicleta…). Al instante, cada grupo debe reproducir su forma uniendo sus cuerpos y con movimientos si hace falta. La persona que modera decide quién gana.

### ▶ La bala

La idea de este juego es ir pasando la «bala» (en realidad, una palmada) de una persona a otra lo más rápido posible. Los participantes se distribuyen en un círculo. Uno empieza dando una palmada hacia la persona que tiene a la derecha o a la izquierda. Esta «recibe» la bala con una palmada suya y «pasa» la bala a la siguiente persona en el círculo con una segunda palmada. La bala sigue su curso por todo el círculo. Hay que recibir y pasar la bala lo más rápido posible, haciendo contacto visual con las personas que dan y reciben. Cuando ya se ha aprendido la dinámica, se introduce la posibilidad de que la bala «rebote». Si tú me la pasas, puedo recogerla con una palmada y luego devolverla con una nueva palmada hacia ti, cambiando la bala de dirección. Cuando ya se ha practicado esta posibilidad, se comienzan a añadir balas adicionales a la primera.

*Suele ser una buena idea elegir a alguien del equipo que guíe o modere cada juego.

# PROTOTYPE

Una idea no vale nada hasta que no comprobamos que vale algo: hasta que no la transformamos en un prototipo tangible y la ponemos a prueba. De hecho, normalmente hacen falta muchos prototipos. Porque la primera prueba nos llevará a nuestro primer fracaso (/006»); la segunda prueba, a nuestro segundo fracaso, y así sucesivamente. Esto no es malo: es lo que nos permite aprender, evolucionar y acercarnos poco a poco a la solución ideal. O sea, al éxito.

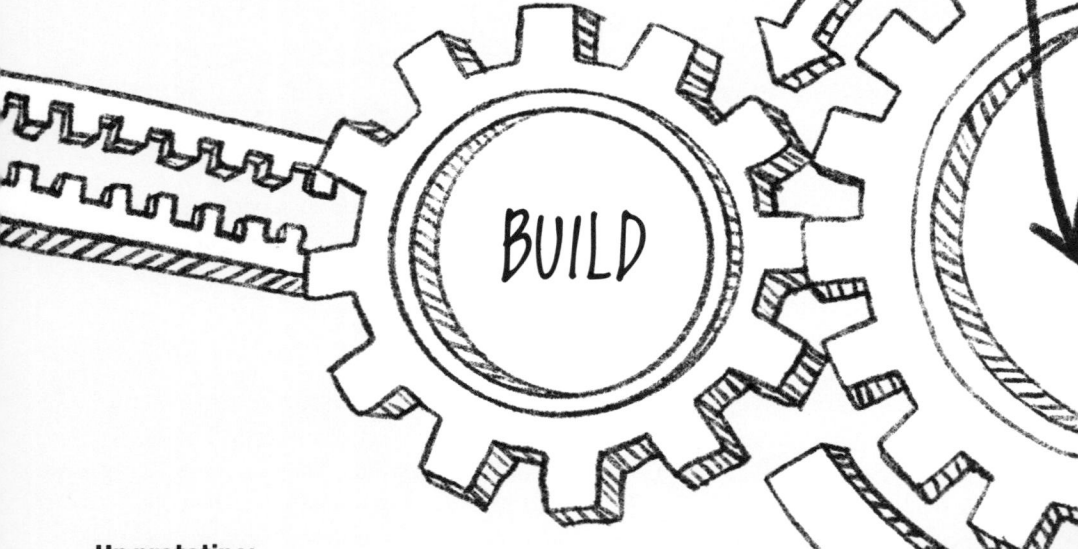

BUILD

**Un prototipo:**

· Plasma una idea con un gasto mínimo.

· Desarrolla la idea y descubre nuevos aspectos.

· Ayuda a definir problemas.

· Permite obtener *feedback* en poco tiempo.

· Permite fracasar mucho y rápido.

· Evita el apego prematuro a las ideas.

### ¿Qué es un prototipo?

Se trata de una versión preliminar de lo que quieres diseñar: un modelo, un simulacro, una maqueta, un piloto. Te permite experimentar con la idea rápidamente, sin gastarte una fortuna ni perder demasiado tiempo.

Los primeros prototipos pueden ser tan sencillos como un dibujo sobre un papel. Pero, según vayas aprendiendo y acercándote a la solución, pueden volverse progresivamente más sofisticados. En cualquier caso, por sencillos que sean, tienen que permitir que pongáis a prueba algún aspecto de vuestra idea con clientes potenciales: su precio, su atractivo, su facilidad de uso… Así, poco a poco irá evolucionando hasta convertirse en un proyecto serio (/050»).

TEST

### Un prototipo legendario

El primer ratón de ordenador, diseñado en 1963 por Doug Engelbart y su equipo, fue un prototipo con dos ruedas que transmitían el movimiento a una placa electrónica, todo ello encajado en una pequeña carcasa de madera con un botón de plástico rojo. En 1968 presentó un modelo metálico con tres botones, junto con *software* que permitía copiar y pegar textos, entre otras operaciones. Además del ratón, el equipo de Engelbart probó numerosas soluciones alternativas al problema de moverse por una pantalla, entre ellas un *joystick*, un pedal e incluso un dispositivo que se movía con la rodilla. Pero el ratón les ganó a todas.

**Test/042»**

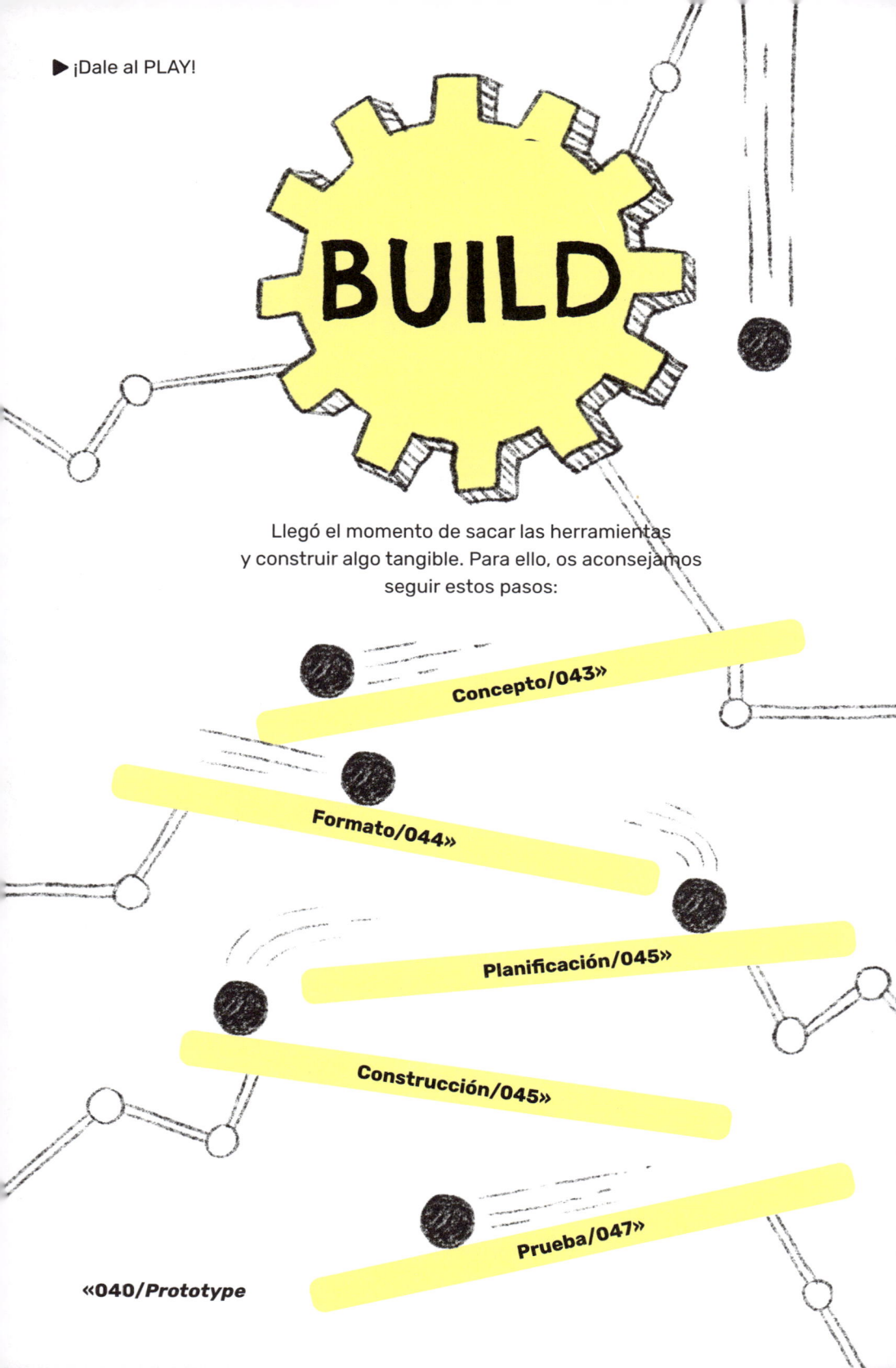

# BUILD

Llegó el momento de sacar las herramientas
y construir algo tangible. Para ello, os aconsejamos
seguir estos pasos:

# LAS REGLAS DE ORO DEL PROTOTIPADO

### Una cuestión, un prototipo
Hay que fabricar un prototipo (o varios) para cada aspecto de la idea que queráis probar: el nombre del producto, la funcionalidad, el material empleado, la imagen gráfica...

### Resuelve hasta el punto necesario
Un prototipo tiene que ser lo suficientemente complejo como para daros la información que necesitáis. No perdáis tiempo y esfuerzo en ir aún más allá.

### No lo hagas perfecto
Es un prototipo. No tengáis miedo a que se note. En TeamLabs a veces empleamos el término técnico *guarrear* para referirnos a esta fase.

### Toma prestado todo lo que puedas
El prototipo lo podéis construir a lo Frankenstein, con materiales, objetos e ideas preexistentes. Un poco como hizo ET con su teléfono o Dustin con su radio en *Stranger Things*.

### No te enamores
Los prototipos se construyen para probarlos, y es posible (incluso probable) que no guste a los usuarios, en todo o en parte. Hay que estar preparados para descartarlos o modificarlos.

### Construye más de un prototipo
Basta con fijarse en la regla número 1.

### Crea para provocar una reacción en el usuario
Que llame la atención. Que impresione. Por pobres que sean los materiales, que los usuarios se emocionen pensando «fui el primero en verlo». Y recuerda que si lo detestan también está bien. Así sabrás cómo mejorar la próxima versión.

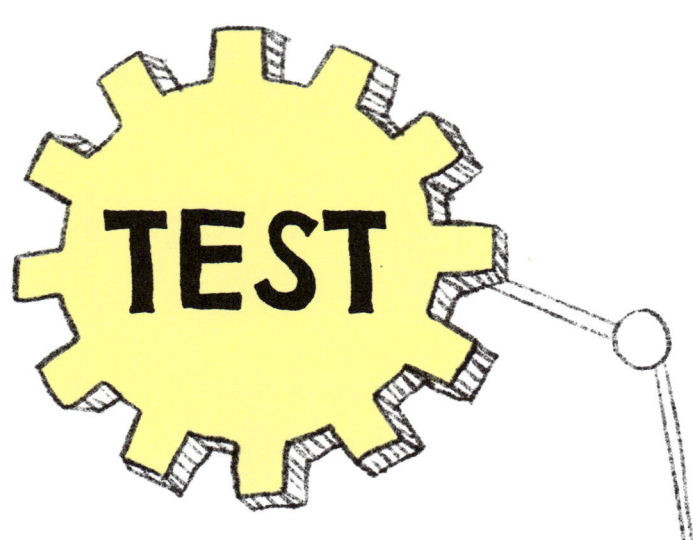

Llegó el momento de poner vuestro prototipo a prueba, con usuarios y usuarias reales. Se trata de mostrarles el prototipo, dejar que interactúen con él y recoger todo el *feedback*. Y mejor aún si les mostráis varios prototipos, para que puedan compararlos y expresar sus preferencias.

Estas serían las fases del proceso:

**Preparación/046»**

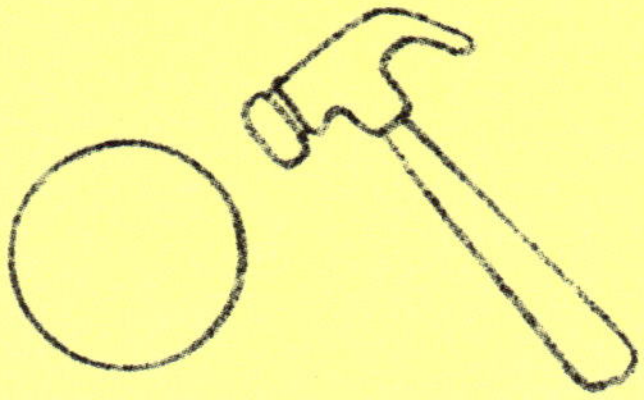

**Prueba/047»**

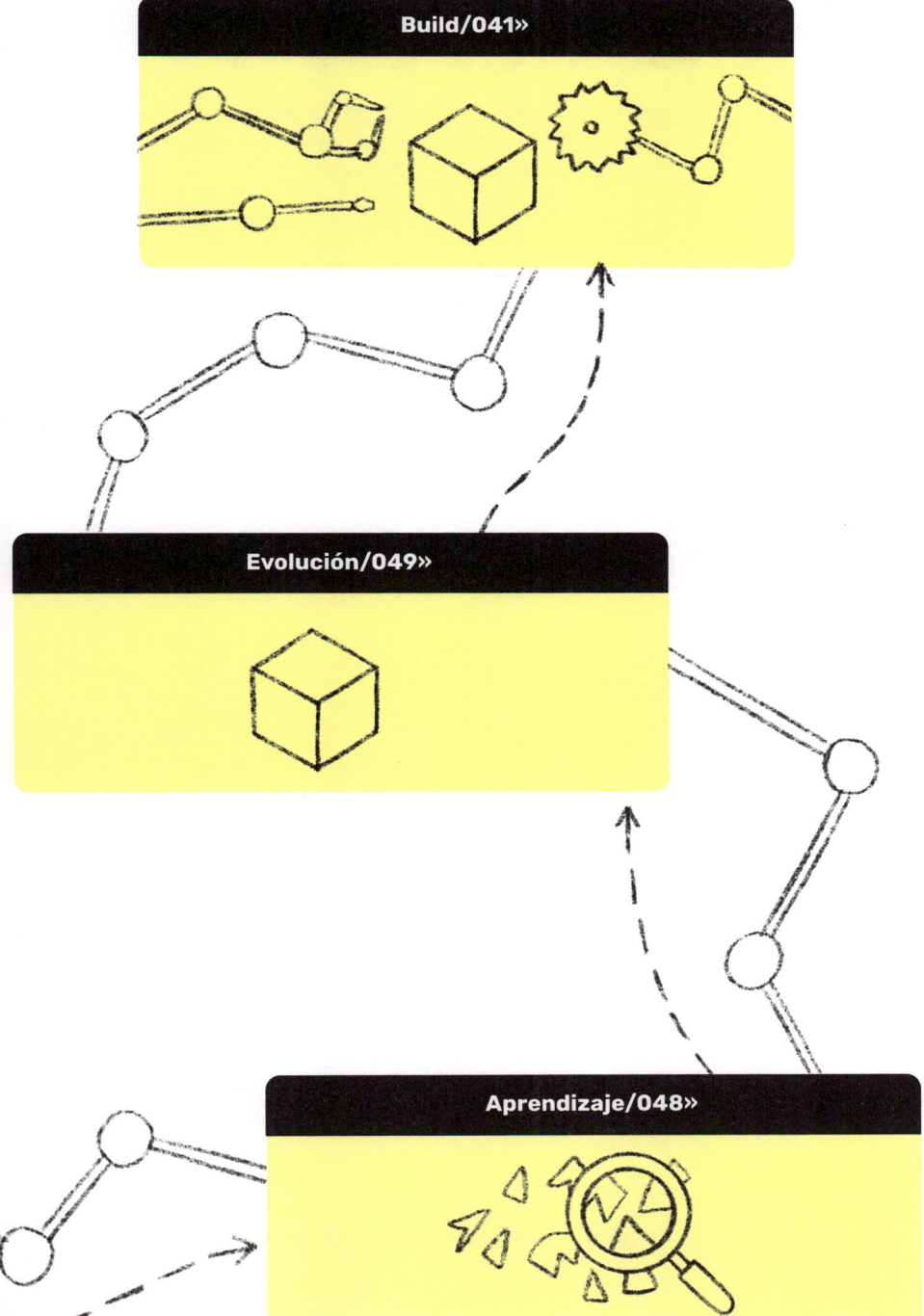

**Build/041»**

**Evolución/049»**

**Aprendizaje/048»**

# BUILD
## CONCEPTO

▶ Reuniros para **dialogar** (/073») en grupo sobre **la idea que habéis escogido** (/037»).

▶ Si hace falta, organizar uno o varios ***brainstormings*** (/033») para desarrollar la idea un poco más.

▶ Rellenar estas dos fichas. Si al hacerlo os surgen dudas o ideas adicionales, **le dais otra vuelta más** (/063»).

**Título**

**La idea en una frase**

**¿Cómo funcionaría?**

**¿Quién tendría que participar en su creación?**

**¿Quiénes serán los usuarios y usuarias?**

**¿A qué necesidades responde?**

**¿Qué dificultades puede haber para implementarla?**

¿Qué es lo más valioso para las personas que lo vayan a usar?

¿Qué es lo que más os emociona?

¿Qué obstáculos veis?

¿Qué le falta a la idea?

<u>Dibuja la idea</u> de la forma más sencilla posible (/068»).

# BUILD
## FORMATOS

> Cada vez que empleéis uno de estos formatos, añade un tic (✓) junto a su descripción.

Se puede prototipar de muchas maneras, y algunos formatos se ajustan mejor a unas ideas que a otras. En esta página encontrarás algunos ejemplos, y en la web hay muchos más. ¿Cuál crees que puede ser más útil para vuestro siguiente experimento? Si se te ocurre alguno nuevo (quizás una combinación o variación de los anteriores), puedes añadirlo aquí.

### Titulares del futuro
Redactar un artículo desde el futuro que describe el lanzamiento de vuestro producto o servicio. ¿Cómo explicará la idea a potenciales clientes? ¿Qué novedades o características destacará? ¿Qué expertos y expertas opinarán sobre ello, y qué dirán?

### Anuncios falsos
Crear un anuncio publicitario sobre el producto o servicio. ¿Qué imagen tiene? ¿Cuál es la propuesta básica de valor? ¿Qué lenguaje utiliza?

### Storyboard
Dibujar un *storyboard* (viñetas como las que usan en el mundo del cine para diseñar escenas) que explique la experiencia desde la perspectiva de una persona concreta. ¿Qué sucederá en cada paso?

### Espacios
Recrear un espacio (tienda, exposición...) con materiales sencillos y objetos que tengáis a mano. El espacio debería permitir a las personas moverse por él y tener una experiencia parecida a la real.

### Modelos de papel
Dibujar las pantallas que formarán parte de la *app* o web que queréis diseñar. ¿Cuál es el flujo? ¿Qué opciones hay? ¿Cómo será la interacción? ¿Qué aspecto tiene?

### Modelo en 3D

Moldear o fabricar una versión preliminar del producto en tres dimensiones. No hace falta una impresora 3D, aunque sin duda es una opción. Basta con materiales cotidianos como papel, cartón, plastilina, Lego o lo que encontréis en vuestro trastero, sobre todo para los primeros prototipos.

### Prototipos digitales

Hay *apps* (como POP o Invision) que permiten crear un prototipo digital que simula la interactividad de una *app* o web aún por diseñar.

### Vídeo

Grabar un vídeo que explique cómo funcionará vuestro producto o servicio.

### Anuncios verdaderos

¿Y si creáis un anuncio en Facebook o Google Ads de algo que aún no existe o no está definido del todo? El anuncio puede llevar a una *landing page* sencilla que recoja los *e-mails* de los clientes.

### Campaña de *crowdfunding*

En plataformas como Kickstarter podéis medir el interés que tiene un proyecto con una propuesta para atraer a microinversores.

# BUILD
## PLANIFICAR Y CONSTRUIR

El prototipado requiere una buena planificación, sobre todo
si van a ser muchos los prototipos o si son muy sofisticados.

**Materiales y recursos**

**Personas del equipo**

**Personas externas al equipo**

**Fondos necesarios (y cómo conseguirlos)**

**Tiempos para cada prototipo**

**Plan de acción**

Recuerda: ¡que sean objetivos smart! ∠065»

1.

2.

3.

4.

5.

6.

7.

8.

9.

10.

11.

12.

13.

14.

15.

Y ahora ya solo queda una cosilla más...
▶ ¡CONSTRUIRLO! ▶

(¿Cuánto tiempo os dais para hacerlo? ¿20 minutos? ¿Dos horas? ¿Una semana?)

# TEST
## PREPARACIÓN

¿Cómo poner a prueba vuestros prototipos para extraer de ellos los aprendizajes más útiles? Con una buena preparación previa, no es tan complicado.

 **Decidir el tipo de prueba**

Venta con clientes reales o potenciales, ya sea en vivo, en vuestra web o a través de alguna plataforma, como Facebook, Instagram, Adwords, Kickstarter, Wallapop, TikTok o esa nueva red social que aún no se había inventado cuando escribimos este libro y ahora la peta: _____

Entrevista con usuarios y usuarias que os proporcionen *feedback*.

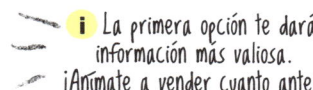
ⓘ La primera opción te dará información más valiosa. ¡Anímate a vender cuanto antes!

 **Crear una lista de participantes/clientes potenciales**

Para una entrevista, pueden ser las mismas personas (usuarios, expertas...) de la fase de exploración de la idea (/031»). ¡Seguro que les hará ilusión ver cómo progresa vuestro proyecto! También pueden ser otras personas que representen los mismos perfiles (/035»). Si queréis vender el prototipo a clientes potenciales, os conviene aprender todo lo que podáis sobre su **atracción** (/055») y **captura** (/056»).

## Participantes / perfiles

_____    _____
_____    _____
_____    _____
_____    _____
_____    _____

### Organizar la prueba

¿Cómo vais a quedar con los y las participantes? ¿Todos juntos? ¿Por separado? ¿En vivo o por medios electrónicos? ¿Les enviaréis los prototipos primero para que los prueben, o preferís sorprenderlos en el propio encuentro? ¿Quién participa de vuestro equipo? ¿Cómo haréis la presentación? ¿De qué forma recogeréis el *feedback* (cuestionario, entrevista, observaciones…)? Si vais a realizar la prueba con clientes reales a través de alguna plataforma *online*, tendréis que estudiar bien las posibilidades que ofrece, por ejemplo, para realizar pruebas de anuncios A/B.

### Diseñar el cuestionario

¿Qué les vais a preguntar en la entrevista o formulario? ¿Qué preguntas os darán la información más valiosa? ¿Qué formato queréis usar? En formatos de entrevista, es una buena práctica pedirles sus impresiones generales al principio, luego pasar a *feedback* sobre asuntos específicos y acabar con una discusión más abierta. Sugerimos emplear al menos algunas preguntas abiertas que os permitan extraer nuevas ideas, como las primeras de esta lista:

**Preguntas**

¿Puedes describir qué es lo que más te emociona de este _____, y por qué?

Si pudieras cambiar una cosa de este _____, ¿qué sería?

¿Qué te gustaría mejorar de este _____?

# TEST
## PRUEBA

Finalmente, llegó el momento de la emoción:
la prueba del prototipo. Lo más importante que hay
que tener en cuenta en este paso es la quinta
regla de oro del prototipado (/041»):

### NO TE ENAMORES

(¡Ninguno lo es!)

Recuerda que este prototipo no es el definitivo
y tendrá que evolucionar. Por lo tanto, lo que buscáis
ahora es información valiosa que os permita incorporar
los cambios más útiles para los usuarios. El *feedback*
que recibáis, ya sea positivo o negativo, os ayudará
a seguir avanzando. Podéis considerarlo un regalo.

Las instrucciones para darle al *play* dependen ahora
de si la prueba va a ser una entrevista con usuarios
o un intento de venta con clientes reales
o potenciales.

**Entrevista**

▶ Quedar con las personas que habéis seleccionado, una a una o todas juntas, como hayáis decidido.

▶ Presentarles el prototipo (que quizás ya hayan revisado con anterioridad).

▶ Explicarles abiertamente, al inicio de la entrevista, que se trata de un prototipo preliminar, y que pueden hablar sin miedo a ofender.

▶ No ofenderse durante la entrevista o, si os ofendéis, que no se note mucho.

▶ Tomar buenos apuntes de todo lo que dicen, sus reacciones, su interacción con el prototipo.

▶ Si su *feedback* os inspira nuevas ideas, aprovechad para proponérselas o incluso para dibujar un nuevo prototipo ahí mismo.

**Venta**

▶ Si se trata de un anuncio en una plataforma como Facebook o Google Ads, programar el anuncio o anuncios y realizar el seguimiento de su funcionamiento día a día.

▶ Si es una presentación de venta, podéis seguir un proceso similar al de la entrevista —excepto que, en este caso, no vais a confesar que se trata de un prototipo 😉—.

▶ En este segundo caso, el *feedback* os lo darán los resultados que tengáis y toda la información que podáis extraer de estos encuentros. También podéis pedir *feedback* a cada persona que participe en la prueba, más allá de si os «compran» el prototipo o no, e incluso improvisar cambios y modificaciones en vivo y en directo, según lo que escuchéis.

# TEST
## APRENDIZAJES

Para esto habéis construido el prototipo. Para esto lo ponéis a prueba.
Para aprender.

El objetivo ahora es extraer los aprendizajes clave que os ayuden
a mejorar. Da igual si la prueba se acerca más al «éxito» o al «fracaso».
La cuestión es: ¿cómo podemos asegurarnos de que la siguiente versión
sea más atractiva, más útil, más beneficiosa?

▶ Revisar con todo el equipo los apuntes, cuestionarios y demás datos
recogidos en la fase de prueba (**/042»**), lo antes posible después de ella.

▶ Compartir las impresiones sobre lo aprendido, siguiendo las preguntas
guía.

▶ Tomar apuntes rápidos en pósits, con los aprendizajes e ideas que
le surgen a cada persona.

▶ Organizar los pósits por temas e importancia.

▶ **Dialogar** (**/073»**) sobre cómo mejorar el siguiente prototipo.
Podéis dibujar el resultado aquí:

¿Qué es lo que más valoraron los y las participantes?

¿Qué los entusiasmó?

¿Qué elementos se podrían mejorar?

¿Qué no funcionó?

¿Qué requiere más exploración?

# TEST
## EVOLUCIÓN

¿Y AHORA QUÉ?

En un proceso de diseño normal, hace falta construir y probar numerosos prototipos hasta dar con un producto o servicio viable.

El final del proceso es el inicio de un nuevo ciclo. Pero la cuestión es:
¿hasta dónde tenéis que remontaros?

Para responder a esta pregunta, tendréis que elaborar un informe
pos-Motorola (**/067»**), y así descubrir qué fue bien, qué fue mal,
qué habéis aprendido y qué os toca hacer ahora.

**El prototipo queda validado.**
*Game on*/050»

**El prototipo es mejorable.**
*Build*/041»

**La prueba no os ha dado
una información clara.**
Test/042»

**La idea de base no es válida.**
Idea-Inventar/033»

**El reto no está bien planteado.**
Idea-Explorar/031»

¡El juego se pone muy serio! Llegó el momento de la verdad, en el que os enfrentaréis a la realidad con vuestra propuesta de valor. Queréis triunfar, liarla parda, revolucionar el mundo entero (/087») y hasta media galaxia más. A partir de ahora, seréis una verdadera *startup*.

¿Podéis conseguirlo? ¡Claro que sí! ¿Va a ser fácil? ¡Olvídalo! Ningún juego que valga la pena lo es (/004»). Pero hay métodos bien testados que pueden ayudaros a construir, poco a poco, esa *startup* de éxito con la que soñáis —ya sea empresarial, artística, benéfica, política o de cualquier otro tipo que os podáis imaginar—.

FOCO

/054»

AGILIDAD

/053»

LIGEREZA

/052»

GA
ME

INNOVACIÓN

/051»

# ATRACCIÓN

# CAPTURA

# ON

# BASE

# INDICADORES

# ENERGÍA

# GAME ON
## INNOVACIÓN

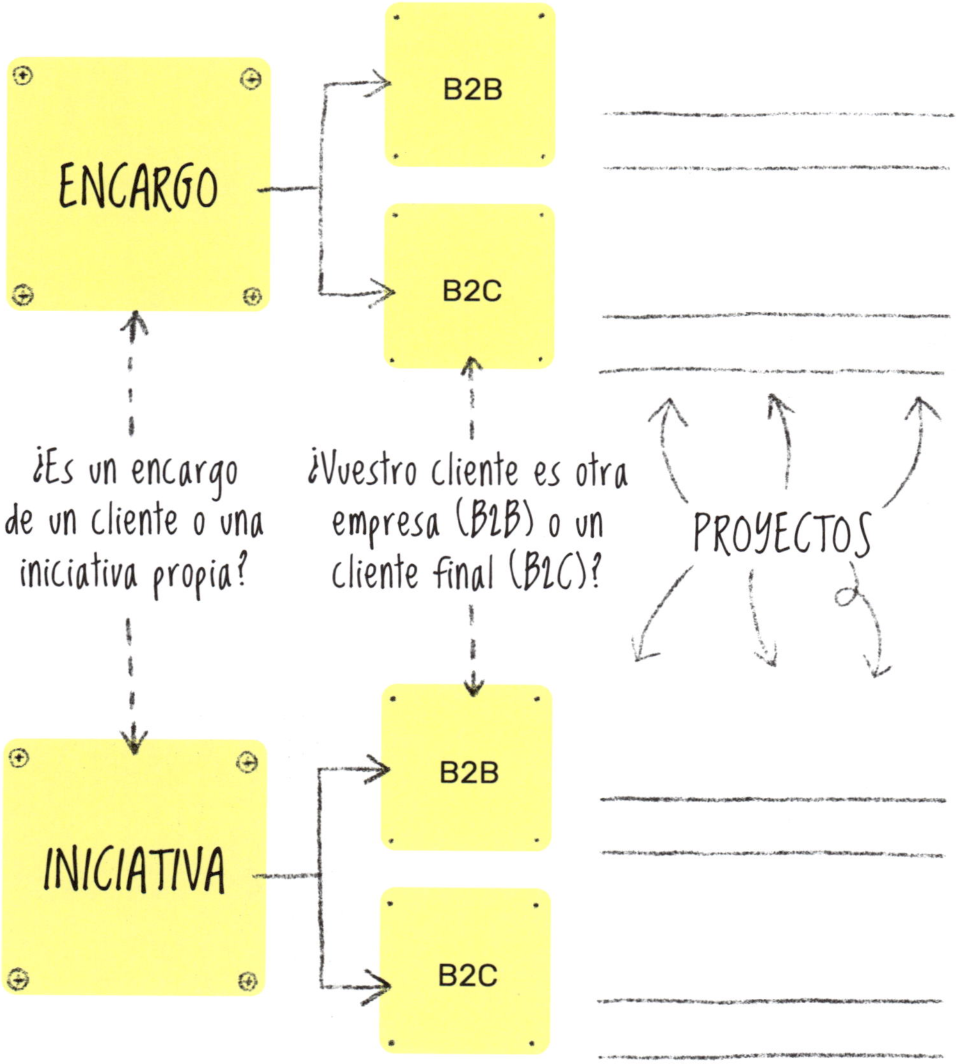

**ENCARGO**

**B2B**

**B2C**

¿Es un encargo de un cliente o una iniciativa propia?

¿Vuestro cliente es otra empresa (B2B) o un cliente final (B2C)?

PROYECTOS

**INICIATIVA**

**B2B**

**B2C**

Vuestra *startup* es, ante todo, una fábrica de proyectos. A partir de vuestra misión (**/025»**), y de los ***Big Fucking Problems*** (**/087»**) que os inquietan, debéis generar mil ideas (**/030»**), validarlas con sus prototipos (**/040»**) y quedaros solo con las que pasen la prueba. ¿Con qué proyectos os vais a poner ahora mismo? ¿De qué tipo, o tipos, son? Aquí podéis anotar algunos proyectos actuales o futuros:

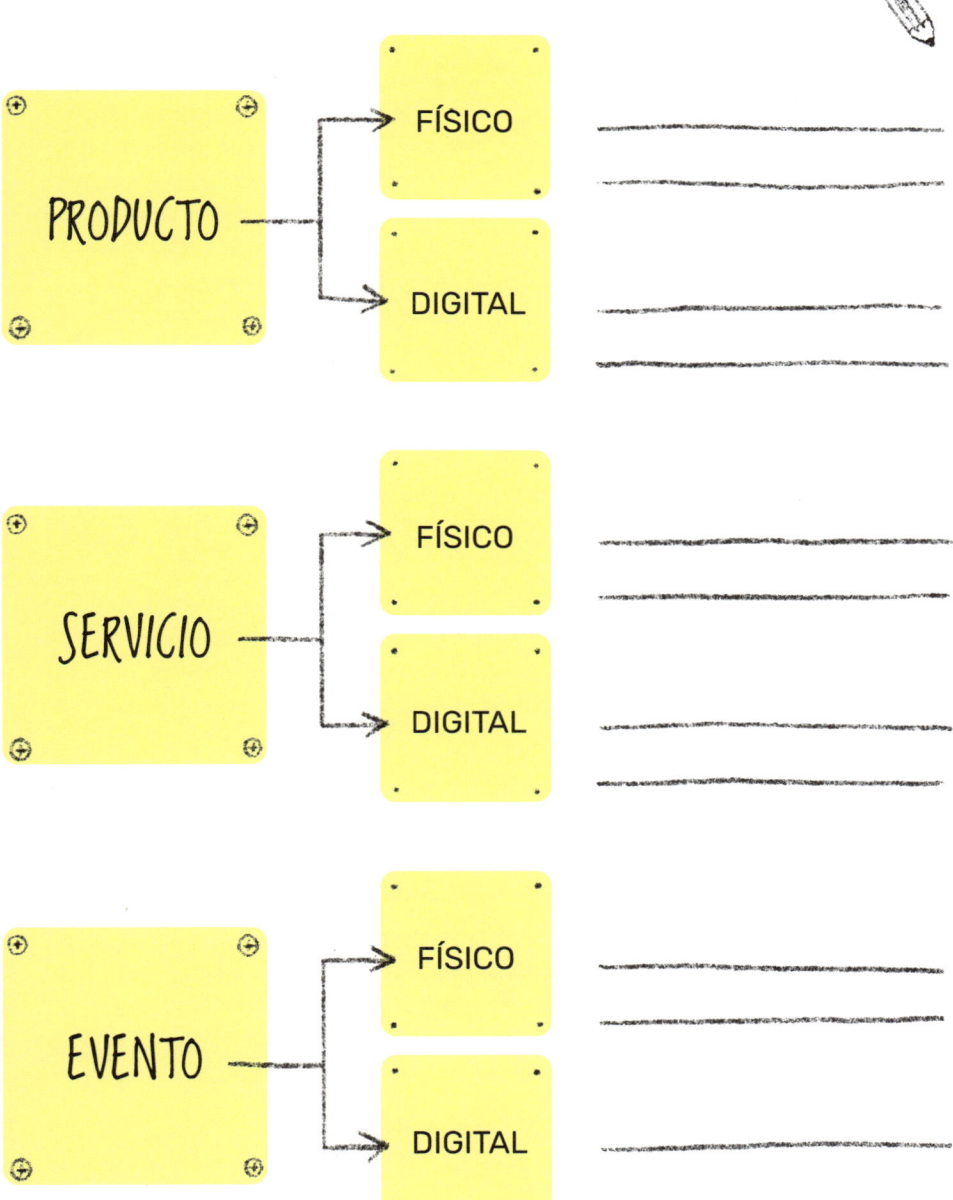

# GAME ON
## LIGEREZA

Si creías haber acabado ya con los prototipos (/040»), te equivocabas. En el mundo cambiante del siglo XXI, se han difundido a la velocidad del rayo las metodologías de gestión llamadas *lean* ('ligeras'), que extienden el proceso de *design thinking* (/030») a la fase de ejecución del proyecto «real».

El asunto es que no vale la pena gastar tiempo y dinero en construir algo que luego no interesa a nadie. Además, ¿para qué esforzarte en inventarte la solución cuando tu cliente potencial puede ponértela en bandeja de plata? Por todo ello, conviene comprobar qué es lo que realmente quieren los clientes lo antes posible, y focalizar todas las energías justamente en eso. Para ajustar el tiro, no queda otra que experimentar una y otra vez. *Fail more* (/006»). En otras palabras: el método científico adaptado al emprendimiento.

Aquí tenéis las tres fases del proceso en versión resumida, para poder darle al *play* desde ya:

▶ **CONSTRUIR** un *MVP* (*minimum viable product*, o 'producto mínimo viable') y sacarlo al mercado. Aunque no esté acabado al cien por cien, puede atraer a un grupo reducido de *early adopters* especialmente motivados por vuestra oferta. Quizás ya lo habéis comprobado con alguno de vuestros prototipos.

▶ **MEDIR** el resultado en el mundo real. ¿El producto resulta atractivo? ¿Nos lo compran? ¿Puede construirse un negocio sostenible alrededor de él? ¿Cómo lo valoran los clientes y clientas? ¿Qué funciona y qué no? Para ello, podéis rellenar un informe **Motorola** (/067»).

▶ **APRENDER** del experimento e integrar los aprendizajes en la siguiente fase de construcción. Puede tratarse de un ajuste pequeño o de un cambio de dirección importante. A esto se le llama *pivot*, como en el baloncesto. Incluso puede que haya que volver al proceso de *design thinking* (/030») desde cero.

## 052

Conviene empaparos bien de esta filosofía (el libro *Lean Startup* de Eric Ries es un buen punto de arranque), mientras la vayáis poniendo en práctica: una nueva oportunidad para **_nonakear_** (**/061»**).

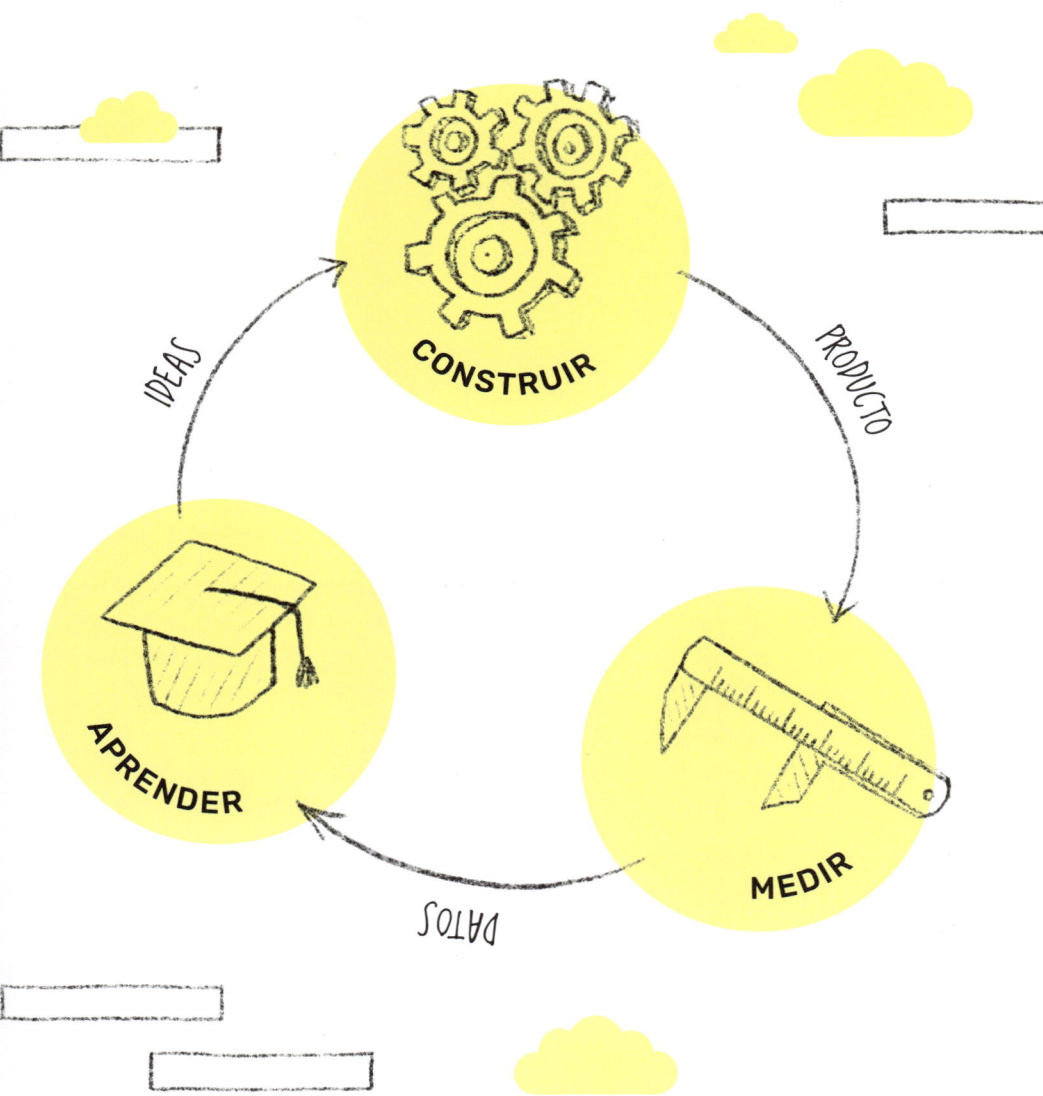

Es fundamental reducir al máximo la duración de todo este ciclo, para poder repetirlo varias veces y aprender todo lo posible antes de agotar vuestros recursos (¡y paciencia!). Además de ligeros, tenéis que ser ágiles.

**Agilidad/053»**

# GAME ON
## AGILIDAD

**SCRUM**

Scrum se inspira en el *rugby*, en el que el equipo entero colabora en un esfuerzo concentrado, pasándose la pelota de una persona a otra. Permite avanzar mucho en esprints cortos.

▶ Aprender en detalle las curiosas reglas de este juego, disponibles en scrumguides.org.

▶ Crear una lista ordenada (*backlog*) de las tareas por hacer: elementos, mejoras y funcionalidades de lo que estáis diseñando.

▶ Nombrar un *Scrum master*, encargado de liderar al equipo y cuidar el entorno Scrum y sus reglas.

▶ Elegir la duración de cada esprint (entre 2 semanas y 1 mes).

▶ Decidir qué tareas deberán realizarse en el primer esprint.

▶ Planificar el trabajo (en 8 horas como máximo para esprints de 1 mes).

▶ Reunirse todos los días a la misma hora en un *daily Scrum*, una reunión de 15 minutos como máximo, en la que se organiza el trabajo del día.

▶ Encarnar durante todo el esprint los valores del Scrum: compromiso, foco, apertura, respeto y coraje.

▶ Realizar, al final del esprint, un *sprint review* (de un máximo de 4 horas) para presentar el resultado y decidir cómo proceder en el siguiente esprint.

▶ Celebrar, tras el *sprint review*, un *sprint retrospective* (de un máximo de 3 horas) para revisar y proponer mejoras al propio proceso del esprint, el trabajo en equipo, etc.

▶ Comenzar el siguiente esprint directamente después de acabar el anterior.

Las metodologías Agile son críticas para acortar los tiempos de entrega de un producto o servicio y adaptarse velozmente a la realidad. En estos tiempos de complejidad y aceleración (**/003»**), los procesos ágiles se han popularizado, junto con la filosofía *lean* (**/052»**), no solo entre las *startups*, sino en todo tipo de organizaciones (**/060»**). Dos de los métodos más conocidos son Scrum y Kanban.

Kanban es un sistema visual que permite entender, de un vistazo, cómo avanza un proyecto y qué queda por hacer. Facilita detectar y resolver problemas típicos en los flujos de trabajo, como los cuellos de botella y los tiempos muertos. Fue una de las claves del éxito de Toyota en los años ochenta, y ahora se emplea en miles de organizaciones de todo el mundo.

| PENDIENTE | ESTAMOS EN ELLO | TERMINADO |
|---|---|---|
| Mejorar los flujos de trabajo. | Usar el tablero durante un tiempo. | Comprar o crear una pizarra. |
| Estudiar algún libro sobre Kanban. | Observar dónde surgen problemas en el proceso. | Decidir las categorías. |
| Adoptar una app de Kanban, como Trello. | | Usar un color para cada tipo de tarea. |
| | | Colocar un pósit por tarea. |

# GAME ON
## FOCO

En 1999, John Doerr enseñó a los directivos de una pequeña *startup* de Silicon Valley un sistema de gestión conocido como *OKR* (*Objectives and Key Results*, 'Objetivos y Resultados Clave'). Según Doerr, este sistema era genial para:

- coordinar los esfuerzos del equipo,
- volver a cada equipo más autónomo, permitiendo crear sus propias estrategias y liberar su creatividad,
- focalizar todos los esfuerzos, como un láser, en LO MÁS IMPORTANTE.

Esa *startup* se llamaba Google. Tuvo, a partir de entonces, un crecimiento exponencial. Y ahora compartimos contigo este secreto de su éxito.

### Cocreados
Los *team leaders* preguntan a cada miembro de su equipo: «¿Cómo puedes contribuir a los objetivos comunes?». A partir de esa pregunta, negocian los OKR juntos.

### Se puntúan
Al final de cada trimestre, se le da una nota (de 0 % a 100 %) a cada resultado clave, y la media se convierte en la nota para cada objetivo.

### Públicos
Todo el mundo puede ver los OKR de todo el equipo.

### Medibles
Cada resultado clave tiene que ser medible: «Lanzaremos 3 anuncios y conseguiremos 500 suscriptores», en vez de «Lanzaremos una campaña de éxito».

### Ambiciosos
Deben provocar una cierta incomodidad, de tal forma que estimulen el esfuerzo. Lo normal debería ser, al final, cumplir un 80 % de los OKR. De lo contrario, ¡no eran suficientemente ambiciosos!

### Limitados
No más de 5 objetivos por persona y 4 resultados clave por objetivo, en cada trimestre.

► Leer el libro de John Doerr: *Mide lo que importa*.

► Decidir los objetivos (O) y resultados clave (KR) de todo el equipo para este trimestre. En esta página puedes anotar los tuyos.

► Cada *team leader* deberá celebrar reuniones frecuentes con cada persona de su equipo para hacer seguimiento de los OKR, dar y recibir *feedback* y expresar reconocimiento por el trabajo hecho (/064»).

**O1** _____

KR 1.1. _____   KR 1.3. _____

KR 1.2. _____   KR 1.4. _____

**O2** _____

KR 1.1. _____   KR 1.3. _____

KR 1.2. _____   KR 1.4. _____

**O3** _____

KR 1.1. _____   KR 1.3. _____

KR 1.2. _____   KR 1.4. _____

**O4** _____

KR 1.1. _____   KR 1.3. _____

KR 1.2. _____   KR 1.4. _____

**O5** _____

KR 1.1. _____   KR 1.3. _____

KR 1.2. _____   KR 1.4. _____

# GAME ON
## ATRACCIÓN

No basta con diseñar el mejor producto o servicio del mundo. Para que alguien os lo compre, tenéis que volverlo absolutamente irresistible. No sé si lo habrás notado, pero a la gente le cuesta separarse de su dinero. Y lo mismo sucede con el tiempo, que cada vez parece más valioso.

Por eso, hay que conectar con el mismísimo corazón de las personas. Afortunadamente, en esto lleváis ventaja. Ese corazón ya lo habéis investigado a fondo al crear los **mapas de empatía** (/036») de vuestros usuarios (en *marketing* conocidos como *buyer* persona).

▶ Investigar **herramientas digitales** (al final del libro encontrarás una lista) para crear materiales gráficos y audiovisuales, y para gestionar el *marketing* mediante *e-mails* y redes sociales.

▶ Crear un lenguaje atractivo para el *buyer* persona.*

▶ Crear una imagen gráfica atractiva para el *buyer* persona.*

▶ Escoger los canales más adecuados para llegar al *buyer* persona.*

▶ Crear materiales publicitarios y de comunicación para cada canal.

Testear estos materiales mediante un proceso de *design thinking* (/030»).

▶ Hacer cambios y testear de nuevo.

▶ Y así sucesivamente.

*En la página de la derecha, puedes realizar una primera aproximación. Imagina que quieres diseñar un *post* en Facebook o Instagram para vuestro *buyer* persona. ¿Cómo describirías vuestro producto o servicio para que le resulte irresistiblemente atractivo? ¿Qué tipo de imagen usarías? ¿Qué *hashtags* añadirías? Cuando termines, dibuja un círculo alrededor de los canales más adecuados para que vuestro producto o servicio llegue al *buyer* persona.

Ver más

**Medios digitales**

**Post**
Facebook,
Instagram,
X, LinkedIn...

**Publicidad**
Google Ads,
Facebook Ads,
TikTok Ads...

**Mensajes**
*e-mail*,
WhatsApp
y similares.

**Contenido**
web, *newsletter*,
blog, vídeos,
*podcast*...

**Publicidad**
periódicos,
revistas,
radio, TV.

**Apariciones**
artículos,
entrevistas...

**Medios convencionales**

**Mundo analógico**

**Encuentros**
reuniones,
eventos...

**Materiales**
pósteres,
*flyers*, folletos,
tarjetas...

**Interacción**
*packaging*,
diseño,
entorno físico...

**Captura/056»**

# GAME ON
## CAPTURA

La venta es un juego muy antiguo, y no vamos a contarte aquí todos sus trucos y estrategias. Pero lo más importante sí: para vender, hay que ponerse a vender. Y mucho. El motivo es que en el 99 % de las ocasiones vas a fracasar (**/006»**). No te lo tomes de forma personal. La venta es así.

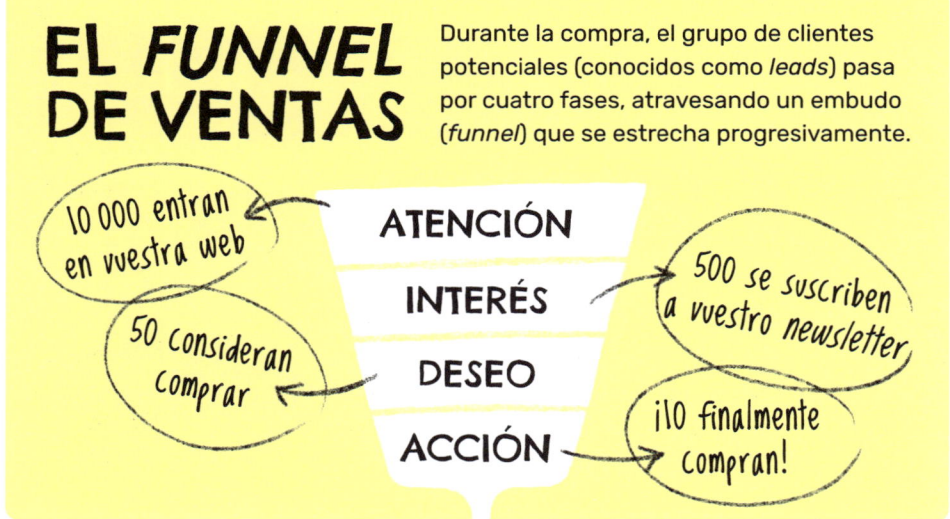

## EL *FUNNEL* DE VENTAS

Durante la compra, el grupo de clientes potenciales (conocidos como *leads*) pasa por cuatro fases, atravesando un embudo (*funnel*) que se estrecha progresivamente.

10 000 entran en vuestra web

ATENCIÓN

500 se suscriben a vuestro newsletter

INTERÉS

50 consideran comprar

DESEO

ACCIÓN

¡10 finalmente compran!

El primer objetivo de este juego es atraer (**/055»**) a todos los *leads* posibles. ¡Ojo! Lo que buscamos son *leads* DE CALIDAD, o sea, que se acerquen lo más posible al *buyer* persona (**/055»**). Y el segundo objetivo es reducir al mínimo las pérdidas en cada fase. ¿Cómo hacerlo? Mimando a los *leads* todo lo posible, conociéndolos bien y animándolos a dar el paso a la acción en los momentos críticos.

Y volviéndolos a animar. Y dale que te pego. Una y otra vez.

La persistencia (con buen rollo, se entiende) es el principal secreto de la venta. Tened en cuenta que la mayoría de los clientes se animan a comprar solo después de encontrarse un montón de veces con los anuncios, las recomendaciones y las ofertas de una marca. O sea que venga: ¡sal del edificio (**/075»**) y a vender!

## 056

▶ Empezar a leer todo lo que pilléis sobre *marketing*, ventas, *e-mail marketing*, SEO, SEM, CRM, *inbound marketing*, *influencers*, *marketing de afiliación* y *growth hacking*.

▶ Poner vuestros productos en venta, ya sea en tiendas físicas o a través de plataformas digitales.

▶ Diseñar vuestro *funnel* (ver abajo). ¿Qué haréis en cada paso para atraer y mimar a vuestros *leads*? ¡Una buena pregunta para un **birthgiving** (/066») interno!

▶ Adoptar una *app* de CRM (*customer relationship management* o 'gestión de la relación con los clientes'), para ayudaros a cuidar de tantos cientos y miles de *leads*. Las hay gratuitas.

▶ Poner en marcha la estrategia. Y evaluar, tras cada iniciativa, los resultados —con un post-Motorola (**/067**»), por ejemplo— para ir mejorando.

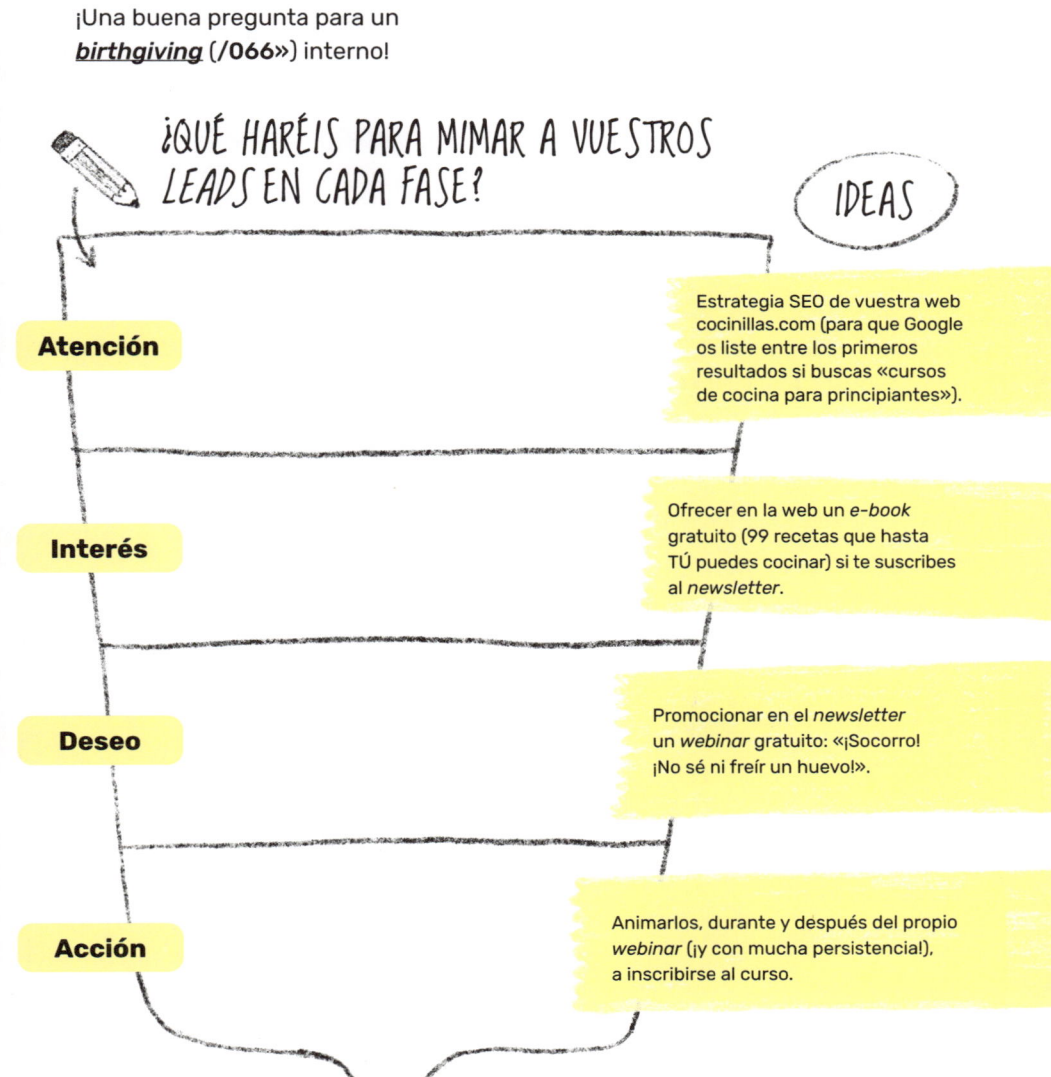

¿QUÉ HARÉIS PARA MIMAR A VUESTROS LEADS EN CADA FASE?

IDEAS

**Atención**

Estrategia SEO de vuestra web cocinillas.com (para que Google os liste entre los primeros resultados si buscas «cursos de cocina para principiantes»).

**Interés**

Ofrecer en la web un *e-book* gratuito (99 recetas que hasta TÚ puedes cocinar) si te suscribes al *newsletter*.

**Deseo**

Promocionar en el *newsletter* un *webinar* gratuito: «¡Socorro! ¡No sé ni freír un huevo!».

**Acción**

Animarlos, durante y después del propio *webinar* (¡y con mucha persistencia!), a inscribirse al curso.

# GAME ON
## BASE

Todo el mundo, en algún momento, sueña con proyectos innovadores, inspiradores y transformadores. Pero nadie sueña con hacer facturas o estudiar la Ley de Protección de Datos. Sin embargo, para construir vuestros sueños también tendréis que lidiar con estos asuntos arcanos, entre muchos otros que tienen bastante menos glamur que el *design thinking* o las metodologías Agile.

En otras palabras: os hace falta una buena base.

Cuando hablamos de *base*, nos referimos a todo aquello que sostiene y apoya esos proyectos maravillosos con los que pretendéis rediseñar el futuro: la contabilidad, los contratos, la seguridad de vuestra red wifi y mil detalles más.

Por cierto, este es uno de los mejores argumentos para asociarte con más gente en un proyecto emprendedor en vez de tratar de afrontarlo en solitario (**/021»**), o al menos rodearte de personas expertas (asesores, amistades con conocimientos específicos, etc.) que puedan apoyarte en momentos puntuales.

Este libro no tiene espacio para entrar en la multitud de elementos que componen la base de una *startup* (y que además varían según el tipo de proyecto: empresarial, social, cultural)... Ya los iréis descubriendo al tener que darle al *play* sin saber de casi nada.

Lo importante es recordar el ciclo del nonakeo (**/061»**): hacer, analizar y compartir. Así el conocimiento se va asentando, cuando las cosas salen fabulosamente bien y también cuando (como a menudo) metáis la pata (**/006»**).

Estos mil y un temas, que irán surgiendo poco a poco (o incluso mucho a mucho, en algún momento), formarán parte de vuestro cohete de aprendizaje (**/086»**).

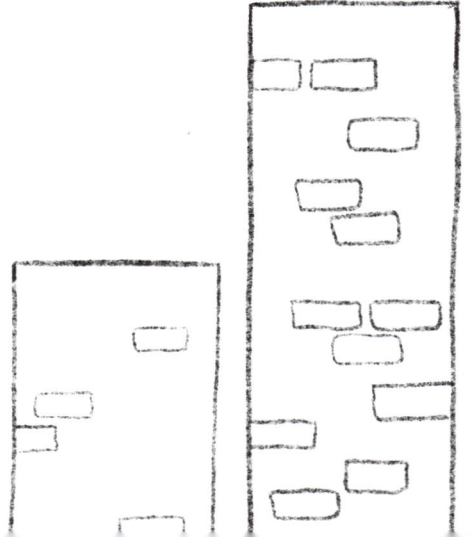

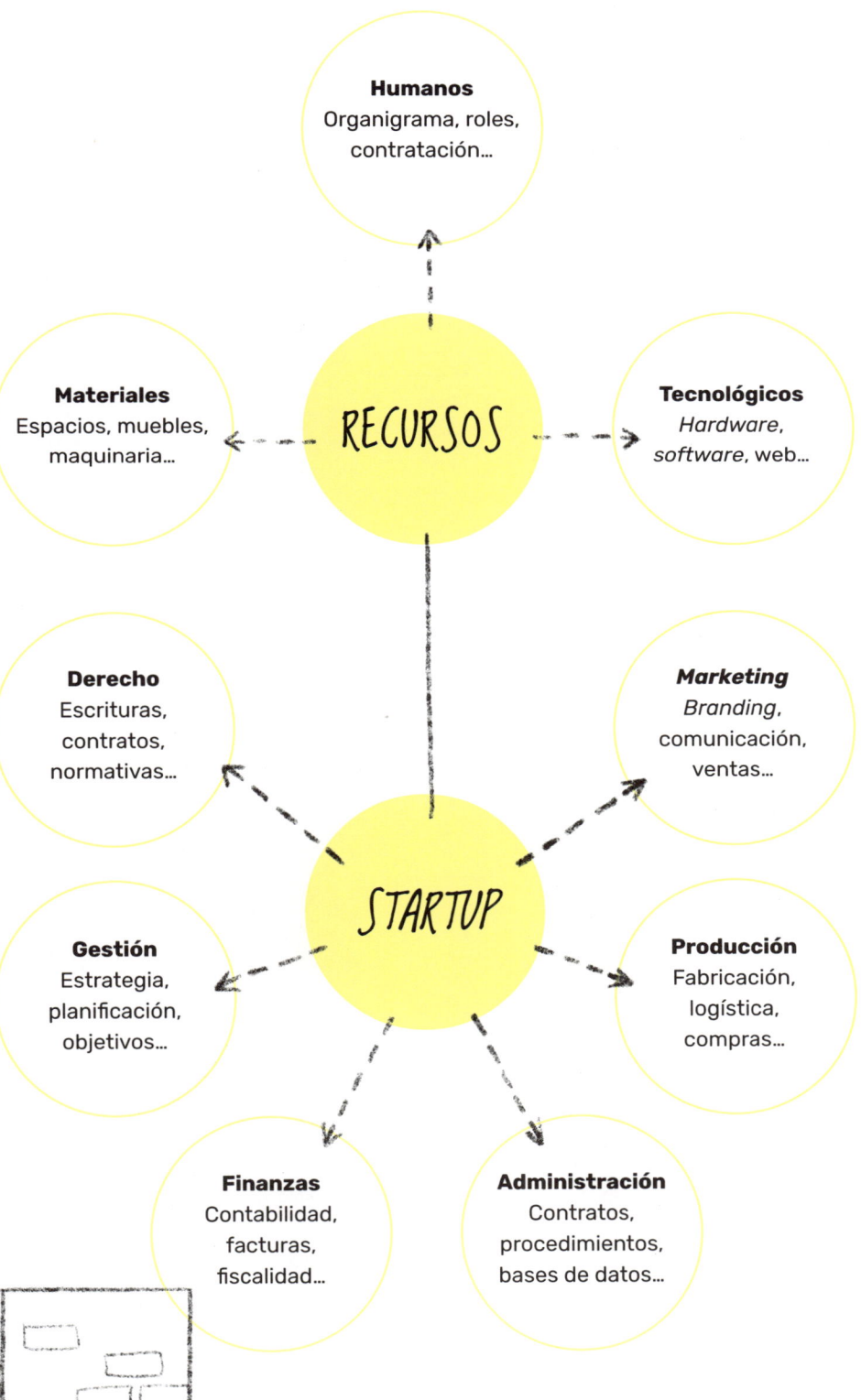

## 057

**Humanos**
Organigrama, roles, contratación...

**Materiales**
Espacios, muebles, maquinaria...

RECURSOS

**Tecnológicos**
*Hardware*, *software*, web...

**Derecho**
Escrituras, contratos, normativas...

**Marketing**
*Branding*, comunicación, ventas...

STARTUP

**Gestión**
Estrategia, planificación, objetivos...

**Producción**
Fabricación, logística, compras...

**Finanzas**
Contabilidad, facturas, fiscalidad...

**Administración**
Contratos, procedimientos, bases de datos...

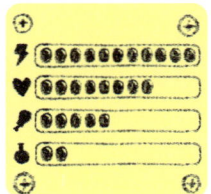

# GAME ON
## INDICADORES

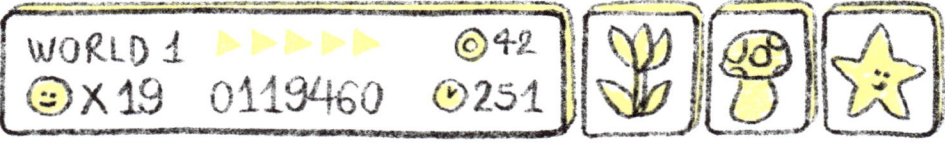

WORLD 1 ▶▶▶▶▶  ◎ 42
☺ X 19   0119460  ⏱ 251

En los videojuegos siempre tienes a la vista un cuadro de mandos con los indicadores clave: el nivel de vida de tu personaje, las herramientas que tiene, la riqueza acumulada, sus armas y municiones…

Lo mismo sucede con tus proyectos. Para gestionarlos hay que tener siempre a la vista los que se conocen como *key performance indicators* (KPI), los indicadores de rendimiento claves. Que, por cierto, deben ser *smart* (**/065»**). Estos KPI pueden servir para definir y evaluar vuestros *OKR* (**/054»**).

Los indicadores claves para vosotros dependerán del tipo de proyecto. Algunos ejemplos:

### OBRA DE TEATRO
Número de asistentes por sesión
Número de reseñas en medios
Valoración media de críticos
Puntuación en webs de teatro
Intensidad y duración de los aplausos

### REVISTA *ONLINE*
Visitas diarias a la web
Tiempo medio de lectura
Número de comentarios
Seguidores/as en cada red social
*Post* en redes que citan la revista

### ONG ECOLOGISTA
Número de miembros
Valor medio de las donaciones
Número de donaciones en una campaña
Coste de conseguir un nuevo miembro
Seguidores/as en cada red social

### SUPERMERCADO
Ventas por metro cuadrado
Ventas por empleado
Ventas por cliente que entra
Beneficio neto
Valor medio de compra

## 058

# VUESTROS KPI

# GAME ON
## ENERGÍA

Si vuestro proyecto ha de ser sostenible en el tiempo, tiene que contar con una fuente continua de energía. Además de vuestra pasión y vuestro esfuerzo, necesitaréis el suficiente combustible económico. Cuando decidáis dar el próximo paso importante (como contratar más gente o buscar un espacio más grande), a lo mejor no os bastarán los ingresos de vuestros clientes actuales. Tendréis que pensar en qué fuente de energía os permitirá hacerlo.

 Usa un lápiz para escribir en cada cajita cuánto dinero habéis levantado en esa categoría hasta ahora.

 Cuando diseñéis vuestra estrategia anual (/078»), tendréis que pensar también en cómo conseguir la suficiente energía económica, y darle al *play* para conseguirla.

## Ahorros propios

€

Al principio probablemente tiraréis de vuestras huchas personales. Si os basta con esto, fabuloso, porque así no le debéis nada a nadie. Además, cualquier inversor externo al que abordéis más adelante se sentirá más cómodo si sabe que los primeros que habéis dado crédito a vuestro proyecto habéis sido el propio equipo. SOIS VUESTROS PRIMEROS INVERSORES E INVERSORAS.

## Gente cercana

€

A lo mejor en vuestros círculos más cercanos (/017») tenéis algún tío o abuela con dinero de sobra. O podéis hacer una colecta entre varias personas de vuestro entorno. La ventaja es que ya contáis con su confianza (¡si es que os la habéis ganado hasta ahora!). La desventaja es que luego puedan querer influir en vuestras decisiones, o que las relaciones se tuerzan si todo sale mal.

## 059

## *Crowdfunding*    €

El micromecenazgo requiere algo más de trabajo, pero es una maravillosa fuente de energía alternativa en nuestros tiempos. Consiste en pedir pequeñas cantidades de dinero a un gran número de personas a través de plataformas como Kickstarter o Indiegogo. Resulta especialmente fácil si ya tenéis muchos fans (**/055»**).

## Ayudas    €

Existen premios, subvenciones y microcréditos para apoyar a *players* que se lanzan a la aventura del emprendimiento, sobre todo para categorías tradicionalmente discriminadas (jóvenes, mujeres, personas mayores) o en ámbitos específicos como la sostenibilidad ambiental, las artes o la tecnología. Consulta sus bases en las instituciones privadas y públicas que las ofrecen a ver si alguna os puede valer.

## Créditos    €

Pedir un préstamo es el sistema más habitual para asegurar una fuente continua de energía económica en el mundo empresarial. El problema es que los bancos no se arriesgan tan fácilmente. Solo se van a fiar de personas, equipos y proyectos que ya han demostrado su capacidad de devolver este tipo de préstamos. Si es vuestro caso, fantástico.

## Inversores    €

Los *business angels* son personas con mucha energía económica que ayudan a las *startups* a crecer a cambio de una participación. También hay organizaciones que se dedican a lo mismo, conocidas como *sociedades de capital riesgo*. O quizás haya empresas en vuestro sector a las que les interese aliarse con vosotros. Esta opción permite asegurar el futuro del proyecto a largo plazo, pero también implica perder parte del control y la propiedad. El truco está en escoger un socio cuya visión y criterio valoréis, o que os deje actuar con libertad.

¿Puede alguien enseñarte a emprender, a innovar, a gestionar un negocio, a desencadenar un movimiento social, a cambiar el mundo?

Es evidente que no. Cualquier libro de texto, cualquier curso, cualquier debate sesudo sobre el tema se va a quedar muy corto. La realidad es demasiado compleja. No cabe ni en un libro ni en toda una biblioteca. Además, esta realidad cambia sin parar, a una velocidad cada vez más vertiginosa (/003»).

Por lo tanto, ni nosotros ni nadie tiene las respuestas que necesita tu equipo. Sobre todo, no tenemos respuestas duraderas y definitivas. Por eso insistimos tanto en crear equipos que aprendan continuamente y, sobre todo, que aprendan a aprender. Porque lo que aprendisteis ayer ya no vale hoy. De hecho, probablemente tampoco valía ayer.

# APRENDER A APRENDER

Peter Senge, en su libro *La quinta disciplina*, popularizó la idea de la *learning organization*, la organización que aprende. Hablaba, a su manera, de equipos que aprenden dándole al *play*, reflexionando, recombinando y volviendo a darle al *play*.

Aunque Senge no tenga todas las respuestas que necesitáis, el suyo es uno de esos libros (/082») que vale la pena leer y compartir en equipo si queréis meteros en este tipo de líos.

## 060

Toda la organización es un mismo sistema interdependiente
*Team/020»*

Compromiso individual de cada miembro del equipo con el aprendizaje
*Learning contract /012»*

Cuestionar continuamente los esquemas que limitan nuestra forma de ver el mundo
*Look again/063»*

**Pensamiento sistémico**

**Maestría personal**

**Modelos mentales**

LEARNING ORGANIZATION

**Visión compartida**

**Aprendizaje en equipo**

Conexión entre la visión personal de cada miembro y la de todo el equipo
*Bosque y vuelta/025»*

El equipo aprende mediante la acción y la reflexión conjuntas
*Nonakear/061»*

# NONA

¿Cómo acelerar el aprendizaje en equipo? *Nonakeando*. Nuestro método se inspira mucho en la teoría SECI de Ikujiro Nonaka y Hirotaka Takeuchi. En TeamLabs la citamos tan a menudo, y con tanta familiaridad, que hablamos de *nonakear* o incluso del *nonakeo*. Se trata de transformar el conocimiento tácito en explícito, y el explícito en tácito.

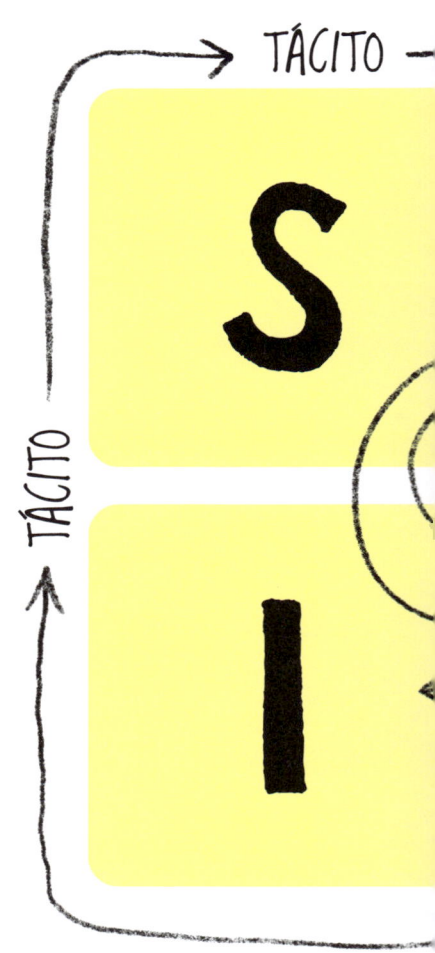

### Socialización (tácito a tácito)

Compartir un conocimiento mediante la experiencia directa, al interactuar con clientes, compañeros y compañeras o expertos. Como un aprendiz que aprende a hacer pan junto a la maestra panadera.

**OBV de exploración/075»**
**Idea-Inspiración/034»**

### Internalización (explícito a tácito)

Integrar el conocimiento internamente, pasando de la teoría a la acción. Probar esa nueva fórmula panadera para ver qué sucede en la práctica… ¡dándole al *play*!

***Game on*/050»**

## 061

# KEAR

**Explícito:** Conocimiento expresado en palabras, imágenes, números y otros símbolos, y que por lo tanto puede comunicarse fácilmente. Todo lo que te contamos en este libro es conocimiento explícito… que surge de nuestro conocimiento tácito.

**Tácito:** Conocimiento sin expresar, asociado a las experiencias, ideales, valores y emociones de la persona que lo posee. Todo lo que *sabes* del *emprendimiento* por haber *emprendido* sería conocimiento tácito… que puede volverse explícito si lo cuentas o lo pones por escrito.

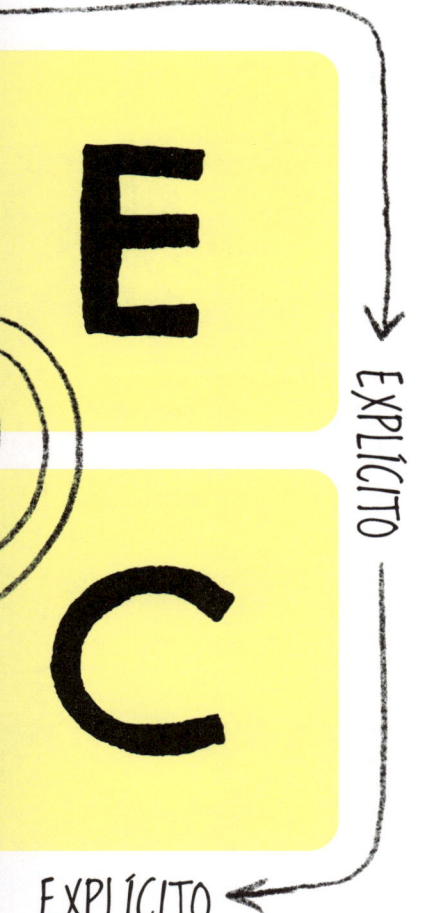

### Externalización (tácito a explícito)
Traducir lo aprendido en palabras o símbolos que pueden compartirse. En el ejemplo de la maestra panadera, serían los apuntes que toma el aprendiz.

**Motorola/067»**
***Birth giving*/068»**
**Diálogo/073»**

### Combinación (explícito a explícito)
Elaborar nuevos conocimientos a partir de ideas, datos, teorías y otros conocimientos explícitos. Por ejemplo, inventar una nueva fórmula de pan a partir de otras ya creadas.

**Teamzilla/024»**
**Idea/030»**

EXPLÍCITO

«060/Aprender a aprender

# EL CAMINO DE

**Resuelto:**
- Objetivo
- Identidad
- Miembros

Este *team performance model*, desarrollado por Allan Drexler y David Sibbet, describe el típico camino que recorre un equipo desde su creación hasta convertirse en un equipo de alto rendimiento.

## 1. Orientación

¿POR QUÉ estoy aquí?

**Resuelto:**
- Respeto mutuo
- Franqueza
- Fiabilidad

**Sin resolver:**
- Desorientación
- Incertidumbre
- Miedo

## 2. Construir confianza

¿QUIÉN eres?

**Resuelto:**
- Suposiciones explícitas
- Metas claras
- Visión compartida

**Sin resolver:**
- Cautela
- Falta de confianza
- Fachada

## 3. Clarificación de metas

¿QUÉ estamos haciendo?

**Resuelto:**
- Roles
- Recursos
- Decisiones

**Sin resolver:**
- Apatía
- Escepticismo
- Competición irrelevante

## 4. Compromiso

¿CÓMO lo haremos?

CREAR

## 062

# UN EQUIPO

▶ Una vez al año, celebrar una reunión de equipo para decidir en qué fase del proceso estáis.

**Resuelto:**
- Reconocimiento y celebración
- Maestría del cambio
- Capacidad de mantenerse

**Resuelto:**
- Interacción espontánea
- Sinergias
- Superación de expectativas

**7.**
**Renovación**

¿PARA QUÉ continuar?

**Resuelto:**
- Procesos claros
- Alineación
- Ejecución disciplinada

**6.**
**Alto rendimiento**

¡WOW!

**Sin resolver:**
- Aburrimiento
- Agotamiento

**5.**
**Implementación**

¿QUIÉN hace QUÉ, CUÁNDO, DÓNDE?

**Sin resolver:**
- Sobrecarga
- Falta de armonía

**Sin resolver:**
- Dependencia
- Resistencia

**Sin resolver:**
- Conflicto/confusión
- Falta de alineación
- Incumplimiento de fechas

**MANTENER**

Desarrollo/080»

# LOOK AGAIN

Crees que ya lo entiendes. Crees que ya lo tienes claro. Pero dale otra vuelta. Con una mente abierta. Sin prejuicios. O a pesar de los prejuicios. Quizás con otro enfoque. Desde lo concreto. Desde lo abstracto. Desde la ciencia. Desde el arte. Desde la seriedad. Desde el humor. Defínelo. Vuelve a reflexionar. No lo conoces a fondo. Nunca puedes llegar al fondo de la cuestión.

# DO AGAIN

## 063

Crees que ya lo has visto. Crees que ya conoces sus formas y sus colores. Pero vuelve a mirar. Con ojos frescos. Sin filtros. O a pesar de los filtros. Quizás desde otra perspectiva. Desde más arriba. Desde más abajo. Desde fuera. Desde dentro. Desde cerca. Desde lejos. Descríbelo. Dibújalo. Vuelve a mirar. No es lo que parece. Nunca lo es.

# THINK ᵒᵒᵒ ☁
# AGAIN

Crees que ya has terminado. Pero empieza de nuevo. Como la primera vez. Con la curiosidad de una niña o de un niño. Sin pereza. O a pesar de la pereza. Quizás de otra manera. Más lento. O más rápido. Más azul. O más rojo. Más sencillo. O más complicado. Construyelo. Vuelve a desmontarlo. No lo has acabado aún. Nunca se acaba.

*We didn't come this far.../088»*

# CONSTRUIR UN ESPACIO SEGURO

Google realizó un estudio exhaustivo de dos años para responder a una pregunta clave: ¿cuáles son los ingredientes de un equipo eficaz? Lo llamaron el Proyecto Aristóteles, por la famosa cita: «El todo es más que la suma de las partes». Llevaron a cabo cientos de entrevistas, estudiaron a 180 equipos y realizaron montones de análisis estadísticos de cientos de variables.

La conclusión: los mejores equipos no son los que cuentan con los miembros más inteligentes o más experimentados. Ni siquiera los que cometen menos errores.

La clave más importante resultó ser la SEGURIDAD PSICOLÓGICA.

¿Y qué es eso?

Pues muy sencillo: que si propones una idea, expresas una opinión, metes la pata o incluso dices una enorme tontería, NO TE VA A PASAR NADA.

Nadie te va a juzgar, castigar o humillar por ello. O sea, que te sientes libre para participar activamente, tomar riesgos y ser tú mismo o tú misma.

Por lo tanto, la prioridad número 1 de cualquier equipo debería ser esto:

## CONSTRUIR UN ESPACIO SEGURO

Para crear un espacio seguro, no existe un diseño único. Hablamos de un refugio de respeto mutuo, confianza total y espíritu lúdico. Un lugar para crecer, compartir, disfrutar y aprender trabajando, sin miedo al qué dirán.

Un maravilloso fracasódromo para poder equivocarse una y mil veces. Cada equipo tendrá que fabricarlo como pueda, según su particular forma de ser, desde su propia autenticidad. Pero he aquí algunas pistas:

## 064

▶ Interesarse los unos por los otros de forma cotidiana. Por ejemplo, mediante el rito del ***check-in/ check-out*** en cada reunión (/071»).

▶ Entrenar el arte del diálogo (/073»).

▶ Celebrar un retiro anual para profundizar la conexión personal (/078»).

▶ Fomentar el espíritu lúdico (/038»).

▶ Practicar *mindfulness* para gestionar mejor las emociones (/008»).

▶ Aceptar el fracaso como algo natural (/006»).

▶ Crear una cultura de aprendizaje (/060») y de *feedback* frecuente (/077»).

▶ Reconocer el trabajo de cada miembro del equipo. La palabra *gracias* debería ser una de las más escuchadas en el día a día.

# ¡QUE TUS OBJETIVOS

**S** PECIFIC

**M** EASUREABLE

**A** CHIEVABLE

**R** EALISTIC

**T** IME-BOUND

## 065

# EAN SIEMPRE SMART!

### Específicos

Deben responder a preguntas como: ¿qué quiero conseguir?, ¿quién participa?, ¿dónde se llevará a cabo?, ¿cuándo quiero conseguirlo?, ¿por qué quiero hacerlo?

X Aumentar mis seguidores en redes sociales.

✓ Publicar un vídeo de un minuto en Instagram todos los días durante un mes.

### Medibles

Debe ser posible medir los resultados para determinar si se han logrado o no, y en qué porcentaje.

X Acortar el tiempo de espera de los clientes que llaman a la centralita.

✓ Conseguir un tiempo de espera de los clientes inferior a dos minutos.

### Alcanzables

Aunque sean ambiciosos, debe ser posible realizarlos. ¿Alguien ha alcanzado este objetivo antes? ¿Es técnicamente posible? ¿Tenemos los recursos para conseguirlo?

X Generar agua artificial a nivel molecular para combatir la escasez.

✓ Lanzar una campaña para el ahorro de agua potable, en conjunción con tres ONG ambientales.

### Realistas

Además de alcanzables, deben ser realistas considerando el tiempo y los recursos disponibles actualmente.

X Construir un chalet de dos plantas, con dos albañiles, en un mes.

✓ Construir un chalet de dos plantas, con cinco albañiles, en seis meses.

### Limitados en el tiempo

Deben tener una fecha de inicio y una fecha tope para crear una sensación de urgencia y motivarnos más.

X Lanzar la versión 3.0. de nuestra *app*.

✓ Lanzar la versión 3.0. de nuestra *app* antes del 7 de abril.

# BIRTH

Un *birth giving* es un proceso de aprendizaje acelerado, intenso, condensado, un auténtico «parto» del que nacen nuevos conocimientos. Se desencadena con un reto —una pregunta inspiradora— al que hay que dar solución en equipo, y en un tiempo muy limitado.

El concepto procede de Sócrates, que, a través de sus preguntas, actuaba como una comadrona, ayudando a los demás a dar a luz su sabiduría interior. Sin ponernos tan filosóficos, podemos hablar de convertir nuestro conocimiento tácito en conocimiento explícito (**/061»**).

▶ Arrancar con un __juego rompehielos__ (**/039»**).

▶ Formular el reto: una pregunta a la que dar respuesta.

▶ Fijar un tiempo límite (suele ser entre 6 y 24 horas).

▶ Trabajar en equipo para dar respuesta a la pregunta. ¡Que no falten hojas grandes, rotuladores y pósits!

▶ Incluir en la respuesta un plan de acción claro, con objetivos *smart* (**/065»**).

Realizar una presentación de entre 5 y 15 minutos (si es para un cliente), una grabación en vídeo o, como mínimo, un documento con mucho *visual thinking* (**/068»**) que recoja el resultado y el plan de acción asociado.

¡Celebrar!

## 066

# GIVING

### ¿Qué es un buen reto?

El reto de un *birth giving* suele estar asociado a un tema candente en el equipo, una pregunta que requiere una solución urgente (como un bebé que necesita salir al mundo). Debería encender la imaginación de los *players*. Puede ser más claro y enfocado (para obtener resultados más tangibles y concretos) o más ambiguo (para estimular resultados sorprendentes). En esto hay que experimentar, como hacía el propio Sócrates. Os damos algún ejemplo, pero la idea es ir aprendiendo en este sutil arte de hacer buenas preguntas:

- ¿Qué conocimientos y habilidades necesitamos desarrollar como equipo para pasar al siguiente nivel? ¿Cómo podemos conseguirlo?

- ¿Qué tipo de liderazgo necesitamos en nuestro equipo?

- ¿Cuál es nuestro objetivo común y cuáles son los hitos que nos mantienen en el camino correcto?

- ¿Cuál debería ser nuestro código de honor, las normas internas que nos ayudarán a triunfar, a aprender y a disfrutar más durante el camino?

### Retos para clientes

También pueden realizarse *birth givings* en sesiones de consultoría. En estos casos, los retos se enfocan en las necesidades del cliente. «¿Cómo podríamos...?» suele ser una buena forma de arrancar en este proceso de cocreación.

- ¿Cómo podríamos llegar a los jóvenes?

- ¿Cómo podríamos conseguir que los empleados se sintieran más motivados con la visión?

- ¿Cómo podríamos mejorar la experiencia del cliente en tienda?

El retiro/078»

# MOTO

Motorola fue la empresa que lanzó, en 1984, el primer teléfono móvil. Diez años después era ya una de las mayores 25 empresas norteamericanas y controlaba un 60 % del mercado en ese país. Ahora ya casi nadie se acuerda de ella, pero la telefonía móvil sigue siendo un gran invento. Y los informes Motorola también.

Al terminar un proyecto, los directivos de Motorola documentaban sus aprendizajes en un informe con una estructura sencilla pero potente. Era una forma de cristalizar y compartir lo aprendido durante el proceso, o sea de *nonakear* (/061»). Y de sacar algo valioso incluso de los fracasos (/006»). Las preguntas que ofrecemos aquí son solo ideas para comenzar.

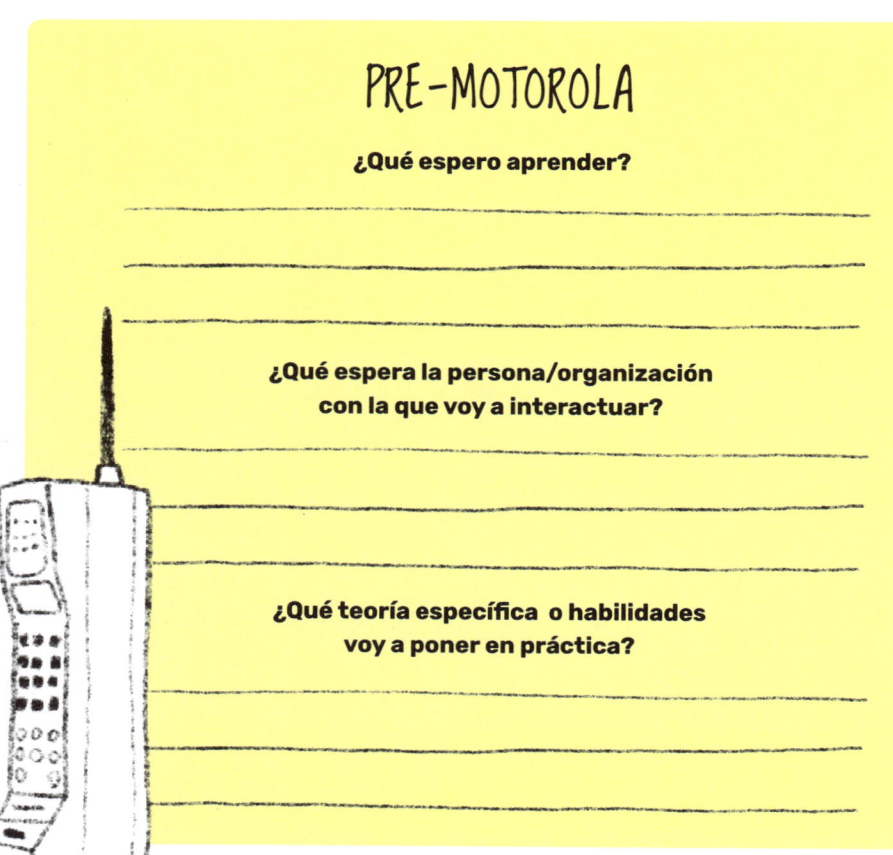

## PRE-MOTOROLA

**¿Qué espero aprender?**

_____

_____

**¿Qué espera la persona/organización con la que voy a interactuar?**

_____

**¿Qué teoría específica o habilidades voy a poner en práctica?**

_____

_____

## 067

# ROLA

Nosotros hemos tuneado esta herramienta y la usamos continuamente, para recoger aprendizajes de los *out-of-the-building visits* (**/075»**), las reuniones importantes, los procesos de diseño (**/030»**) y los proyectos (**/050»**). De hecho, la tenemos tan incorporada que a veces nos pillamos aplicándola hasta a nuestras vacaciones, fiestas y citas románticas.

Para el post-Motorola, recomendamos tomar apuntes rápidos o grabar un audio en el móvil lo antes posible después del momento de «acción» (lo que llamamos un *hot Motorola*) para no olvidar ni un detalle.

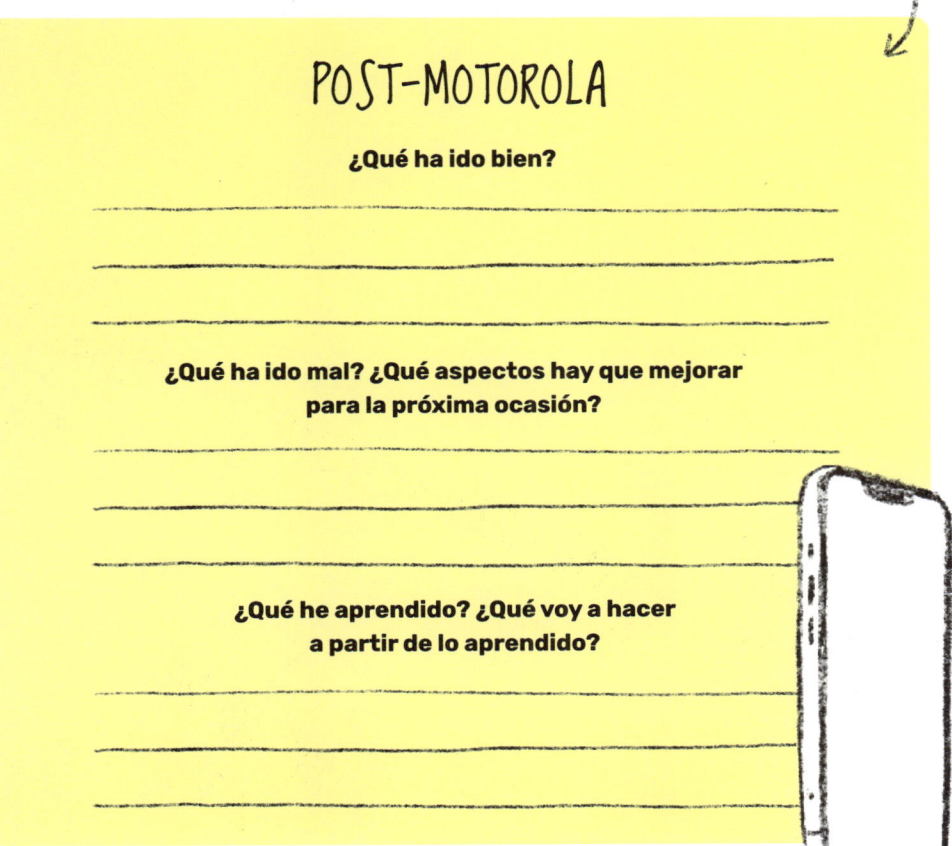

### POST-MOTOROLA

**¿Qué ha ido bien?**

_____

_____

_____

**¿Qué ha ido mal? ¿Qué aspectos hay que mejorar para la próxima ocasión?**

_____

_____

_____

**¿Qué he aprendido? ¿Qué voy a hacer a partir de lo aprendido?**

_____

_____

_____

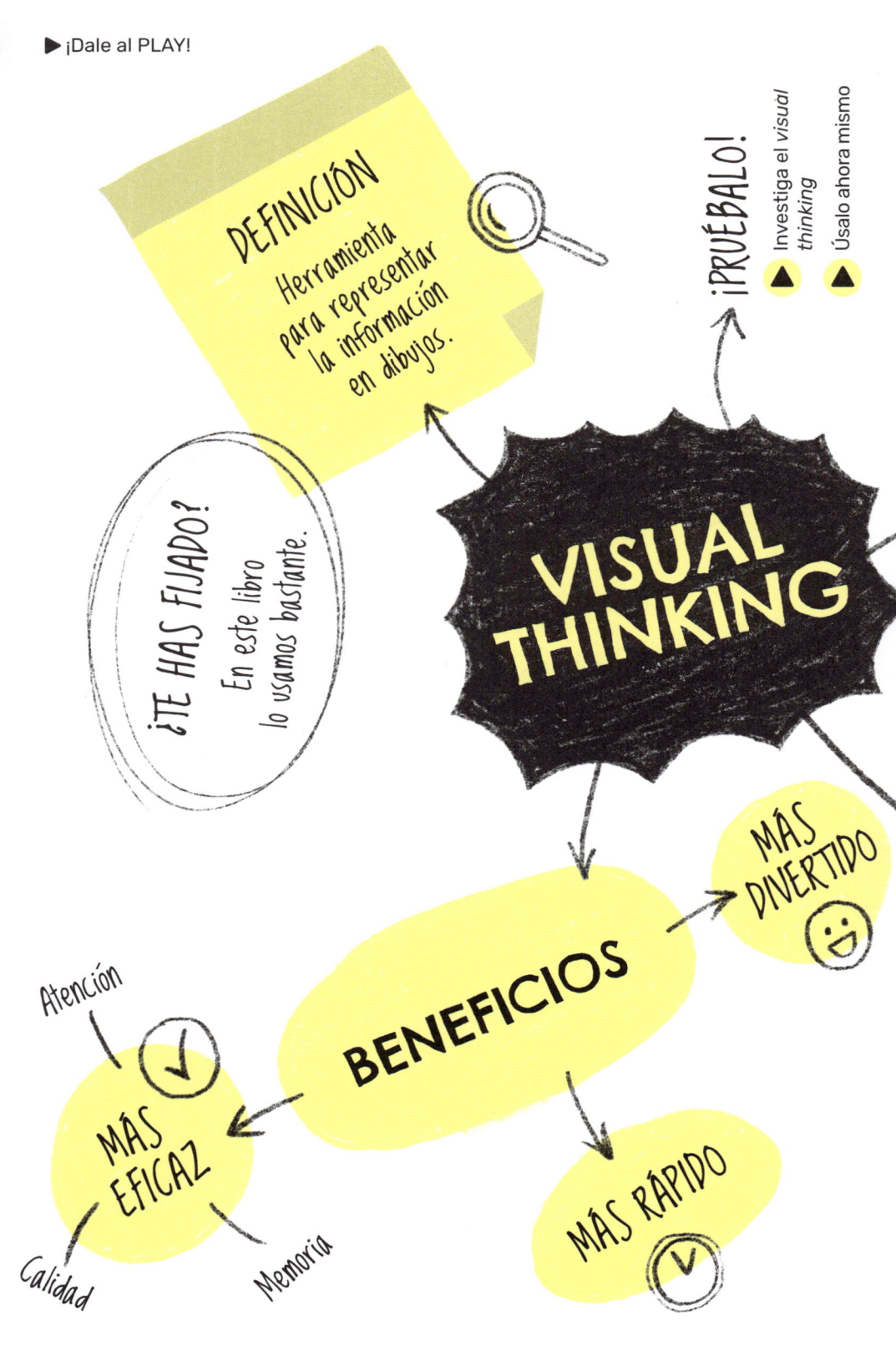

## 068

LEAR-NING DIARY /011»

REUNIONES /074»

PRESENTA-CIONES /075»

USOS

IDEA-CIÓN /033»

PUBLICIDAD /055»

ICONOS

MAPAS MEN-TALES

ELEMENTOS

GRÁFICOS

TIPOGRAFÍAS

DIAGRAMAS DE FLUJO

▶ ¡Dale al PLAY!

¡Crea tu propia página! Algo que creas que falta en este libro.
Algo que puedas aportar desde tu experiencia.
Y publícalo con el *hashtag* #DalealPLAY.

Añade el enlace
que quieras.

«

Añade el enlace
que quieras.

»

# TEAM
## RITOS

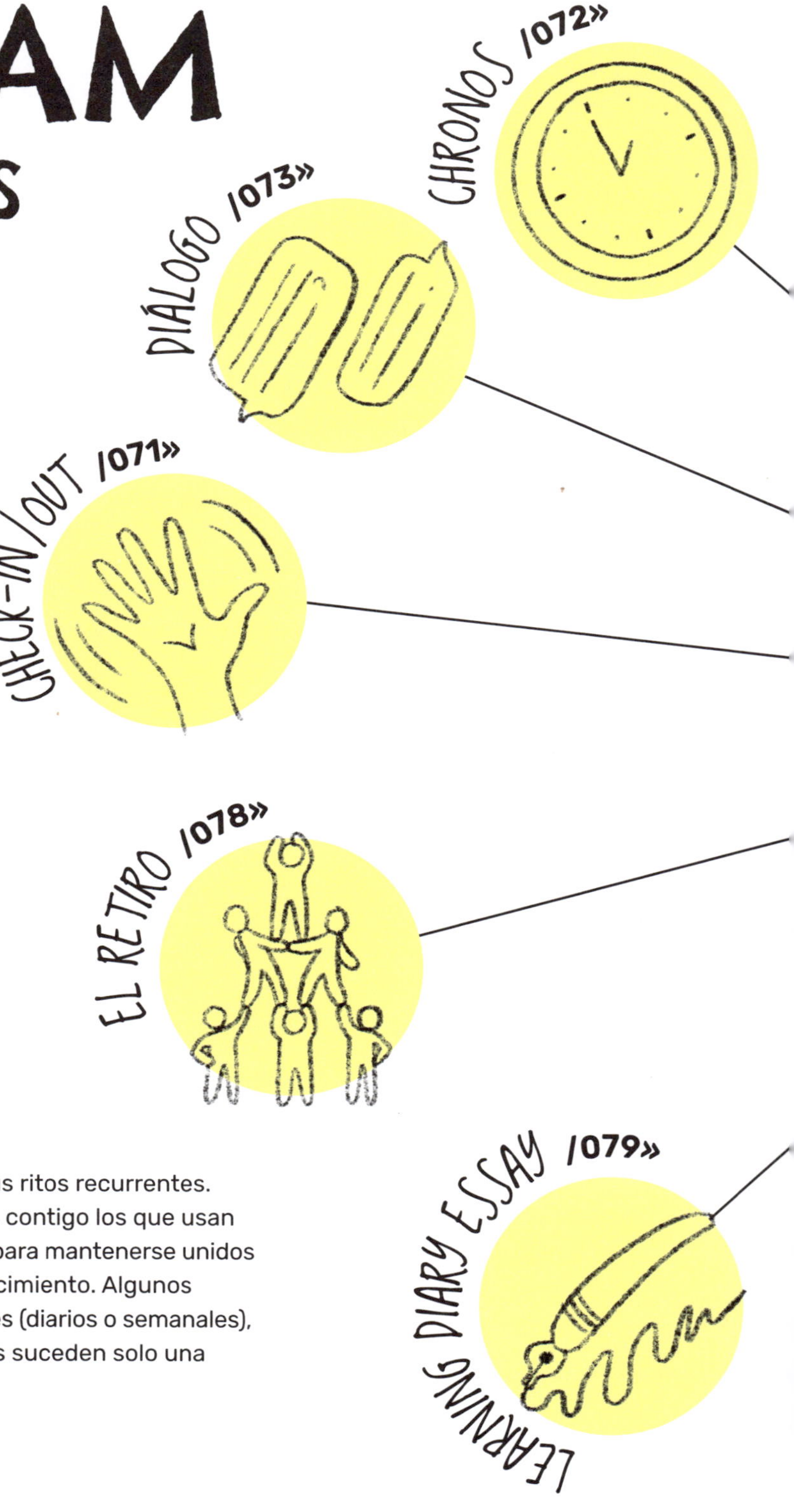

DIÁLOGO /073»

CHRONOS /072»

CHECK-IN/OUT /071»

EL RETIRO /078»

LEARNING DIARY ESSAY /079»

Toda tribu tiene sus ritos recurrentes.
Aquí compartimos contigo los que usan
nuestros equipos para mantenerse unidos
y potenciar su crecimiento. Algunos
son muy frecuentes (diarios o semanales),
mientras que otros suceden solo una
vez al año.

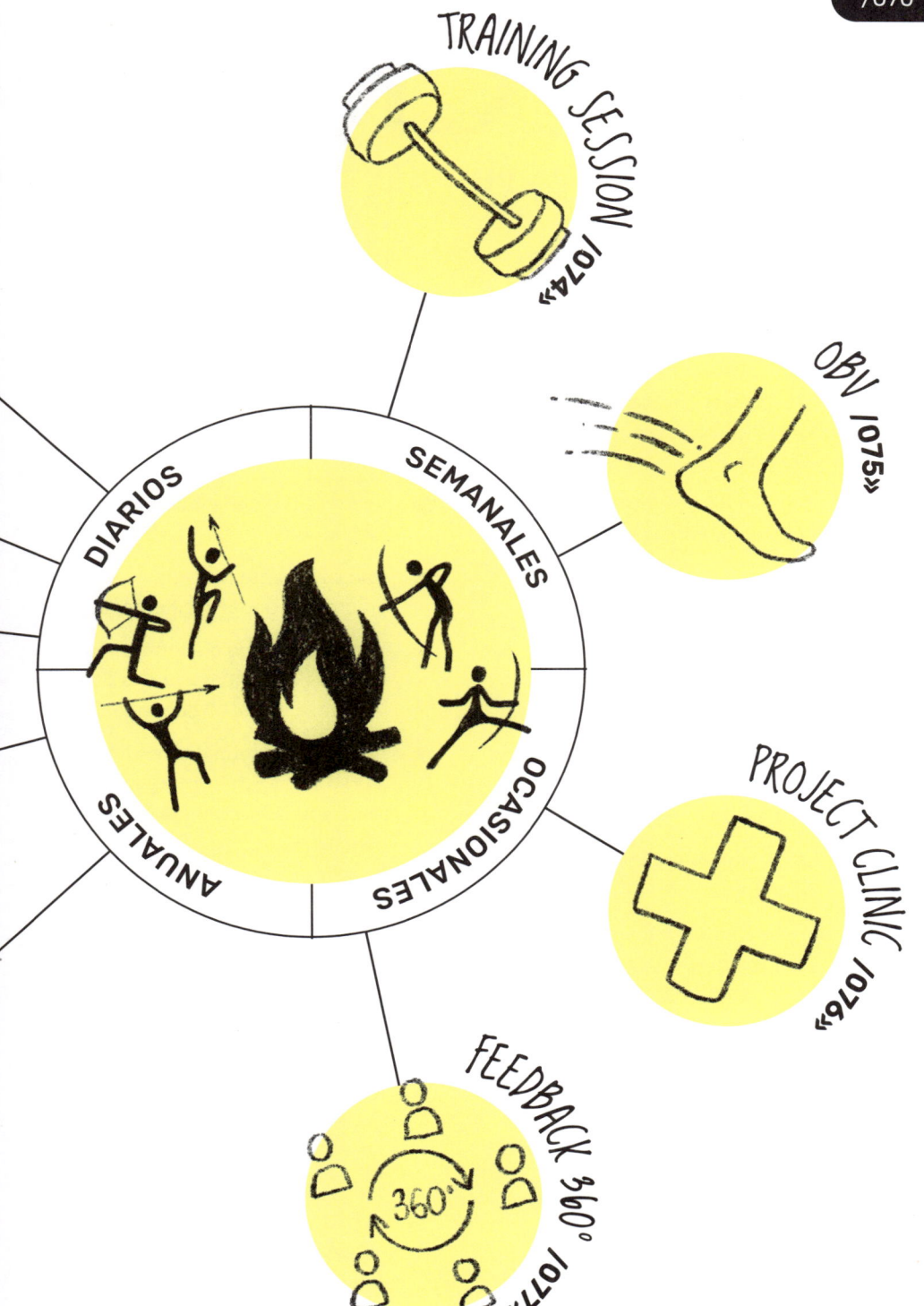

TRAINING SESSION /074»

OBV /075»

PROJECT CLINIC /076»

FEEDBACK 360° /077»

DIARIOS

SEMANALES

OCASIONALES

ANUALES

Desarrollo/080»

# CHECK-IN
## NUESTRO RITO MÁS RÁPIDO

Este rito breve pero crucial lo realizamos al principio y al final de todas nuestras reuniones. Consiste en una pregunta inicial (y luego conclusiva) a la que responde de forma espontánea cada asistente.

Puede parecer una tontería, incluso una pérdida de tiempo, pero es el equivalente en reuniones grupales al «¿cómo estás?» de una conversación. De hecho, en muchos casos, consiste literalmente en preguntarle a cada persona cómo está, o algo muy parecido. Y esto tiene una importancia capital porque…

- comunica que nos importan las personas, y no solo el proyecto;

- crea un ambiente más informal y menos solemne;

- permite compartir circunstancias especiales que deben tenerse en cuenta («mi hijo está en el hospital», «tengo una jaqueca», «me siento desconectado de este proyecto»).

En definitiva, se trata de una de las principales claves para crear un **espacio seguro** (/064»), que es donde fluye el diálogo, brota la creatividad y se toman las mejores decisiones.

▶ Iniciar la reunión con una pregunta (el *check-in*).

▶ Cada asistente responde, ya sea en orden o de forma aleatoria.

▶ Según el tiempo disponible, puede limitarse la respuesta a una palabra, una frase corta, 10 segundos…

▶ Al finalizar la reunión, se invita a un turno final de intervenciones (el *check-out*), con una pregunta conclusiva.

▶ Variar las preguntas del *check-in* y del *check-out* de cuando en cuando para que el rito no degenere en rutina. Una buena pregunta conecta con el tema de la reunión y el estado de ánimo del equipo.

▶ Una pregunta excelente además inspira, sorprende o remueve emociones.

▶ Añade las tuyas a esta lista...

**GENERALES**

¿Cómo vienes a esta reunión?

¿Qué necesitas compartir con el grupo ahora mismo?

**PROYECTO/ EQUIPO**

¿Qué te entusiasma o te preocupa sobre los temas que se van a tratar?

¿Cuál es tu visión para este proyecto?

**ORIGINALES**

¿Qué canción/película/cuento representa cómo te sientes en esta reunión?

¿Cuál es tu pose de superhéroe para este momento?

**CONOCERSE**

¿Qué te llevarías a una isla desierta?

¿Qué lugar del mundo te encantaría visitar?

**AL FINAL**

¿Qué es lo más importante que has aprendido?

¿Cuáles han sido el mejor y el peor momento?

# CHECK-OUT

*Training session/074»*

# CHRONOS

## NUESTRO RITO MÁS ABURRIDO

Todos los días, al final del día, nuestros *players* rellenan su *chronos*. O deberían.

El *chronos* es una sencilla hoja de cálculo compartida en la que los miembros del equipo anotan cuántas horas han dedicado durante el día a cada tarea o proyecto.

Esta hoja electrónica permite calcular los totales semanales, mensuales y anuales para cada persona y para todo el equipo. En la siguiente página encontrarás un ejemplo de cómo podría diseñarse. No tiene mucho misterio. Lo importante es mantener la disciplina (¡y la honestidad, claro!) a la hora de rellenarlo.

Y hablando de honestidad: confesamos que se trata de nuestro rito más aburrido, una tarea que todo el mundo odia, con mayor o menor pasión. Pero el resultado es una herramienta muy valiosa a lo largo de la vida del equipo, que proporciona información sobre el uso del tiempo, el foco que se está poniendo en distintas actividades, quién está aportando más o menos a cada proyecto, etc. Esta información es crítica para poder valorar los esfuerzos relativos de cada miembro, distribuir recursos, rediseñar estrategias y mucho más.

▶ Diseñar tu propio *chronos*, junto con tu equipo (puedes inspirarte en el ejemplo de la derecha).

▶ Puedes también adoptar alguna app de seguimiento del tiempo como Elorus o Clockify.

▶ Al final de cada día, animar a todo el mundo a que rellene su hoja.

(¡y no te olvides de rellenar la tuya!).

## 072

CHRONOS DE _____ PARA LA SEMANA DEL _____ AL _____ DE _____

| Actividad | Lun. | Mar. | Miérc. | Juev. | Vier. | Sáb. | Dom. | TOTAL |
|-----------|------|------|--------|-------|-------|------|------|-------|
|           |      |      |        |       |       |      |      |       |
|           |      |      |        |       |       |      |      |       |
|           |      |      |        |       |       |      |      |       |
|           |      |      |        |       |       |      |      |       |
|           |      |      |        |       |       |      |      |       |

Si crees que ya sabes algo, no dudas, no preguntas, no indagas.
Pero, si dudas de lo que sabes, quizás descubras algo inesperado.
Por ejemplo, respóndeme a esta pregunta:

### ¿Crees que ya sabes lo que es el *diálogo*?

**A.**

«Hombre, faltaría más, el dialogar de toda la vida… yo digo lo que pienso, tú dices lo que piensas, se discute y tal y cual. Por cierto, ¿has visto mi último *post* en Instagram?…».

**B.**

«Creía que sí, pero ahora comienzo a dudar. Yo creo que tiene que ver con la escucha, con el intercambio de ideas, ¿tú cómo lo definirías?».

La segunda respuesta se acerca más a la actitud de Sócrates,
el gran pionero del diálogo. Y puede ser el primer paso
en un apasionante camino de aprendizaje.

El físico teórico David Bohm propuso el diálogo como un método
para pensar de forma colectiva. Y advirtió que no es nada fácil, ya que,
cuando un grupo se pone a hablar, lo normal es el conflicto:
nadie se escucha y cada uno defiende sus ideas, se agarra a sus prejuicios,
esconde información esencial y… en fin, que suele ser bastante desastroso.
Si has asistido a cualquier reunión de vecinos, tertulia televisiva o consejo
de administración, sabrás de lo que hablamos.

Por eso, es tan importante que tu equipo entrene el arte del diálogo.
*¡Diariamente!*

### ▶ *Listening*

En general, hablamos mucho, pero escuchamos poco. O, más bien, cuando escuchamos, solemos hacerlo a través de un espeso filtro de opiniones propias, ideas preconcebidas, emociones turbulentas y demás ruido mental. Aprender a escuchar es abrirse del todo al punto de vista del otro, a su forma de concebir el mundo, estemos de acuerdo o no.

### ▶ *Respecting*

Respetar significa aceptar al otro tal y como es, sin esa necesidad a veces tan acuciante de querer cambiar su opinión. Es poner a los otros participantes al mismo nivel, sin relegarlos a un estatus inferior (también conocido como «no tienes ni puñetera idea, deja que te lo explique yo»).

**NUESTRO RITO MÁS FILOSÓFICO**

### ▶ *Suspending*

Para que fluya el diálogo, es preciso suspender las propias opiniones, certezas y creencias. Esto no significa eliminarlas del proceso, sino hacerlas visibles como elementos —posiblemente muy valiosos— con los que trabajar.

### ▶ *Voicing*

Por último, es fundamental hablar, o incluso dibujar (/068»), con coraje y desde lo que pensamos y sentimos realmente. Esto requiere escuchar bien para decidir qué se va a decir y qué no, dejando que surja la palabra en el momento, de forma espontánea, a partir de los valores propios, y superar la autocensura que a menudo sofoca nuestra voz auténtica.

*Training session/074»*

# TRAINING SESSION

## EL RITO QUE MÁS SUDA LA CAMISETA

La *training session* es uno de nuestros ritos más importantes. Proponemos montar una o dos por semana. Hay que aclarar que NO SON reuniones de proyecto. Son sesiones, como su nombre indica, para entrenarnos como equipo. Es aquí donde nos preparamos para darle al *play*, y donde comentamos la jugada (y sus aprendizajes) después de haberla hecho, o sea, para **_nonakear_** a tope (**/061»**) y convertirnos en una verdadera *learning organization* (**/060»**). Sirve para unirnos, motivarnos, crear nuevos conocimientos, aprender juntos y reflexionar sobre lo sucedido.

### Posibles temáticas de las TS:

- Las normas del equipo
- Problemas y oportunidades
- Fortalezas y debilidades
- Objetivos y evolución
- Lecturas (**/082»**)
- **_Learning path_** (**/081»**)
- OBV (**/075»**)
- Y todas vuestras experiencias dándole al *play*

# Programa tu entrenamiento

**Día de la semana:**

**Horario:** **Lugar:**

## ROLES
Se decide quién organizará la sesión y quién llevará el acta.

## AGENDA
La persona que organiza el asunto deberá redactar la agenda y enviársela al equipo con al menos 24 horas de antelación.

## *CHECK-IN*
La reunión comienza con un turno inicial para cada miembro del equipo (**/071»**).

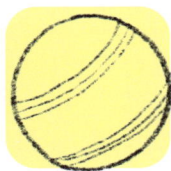

## DIÁLOGO
Siguiendo los puntos propuestos en la agenda, se dialoga en equipo (**/073»**). O, más bien, se intenta dialogar y se aprende (poco a poco, a trompicones, y a lo largo de muuuuuchas *training sessions*) a dialogar.

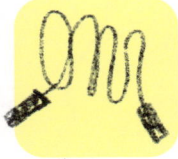

## *CHECK-OUT*
La sesión se cierra con un turno final para cada miembro del equipo (**/071»**).

## ACTA
La persona que ha ido tomando apuntes redacta el acta y la comparte con el equipo en un máximo de 24 horas.

# ¡SAL DEL EDIFICIO!

## NUESTRO RITO MÁS ANTIPÁTICO

Ahora es cuando te mandamos a la calle de una patada. No es broma.
¡Fuera de aquí!

¿O pretendías montar tu proyecto desde el sillón? Olvídalo. Así no llegarás,
literalmente, a ninguna parte.

Al menos una vez por semana, cada miembro de tu equipo deberá poner
un pie delante del otro, salir por la puerta e interactuar con personas
de carne y hueso, o con otros proyectos o empresas, que puedan
dar alas a vuestros sueños.

Es lo que llamamos un *out-of-the-building visit* (OBV),
una visita fuera del edificio.

Ya sabemos que da pereza. En el sillón se vive muy cómodo.
Pero estos OBV son cruciales para mantener vuestros proyectos
en contacto con la realidad, permitir que crezcan de la mejor manera y,
por supuesto, promocionarlos y venderlos.

Por eso es necesaria la patada.

### Exploración (/034»)

Para descubrir tendencias, nuevos productos o servicios, formas distintas de hacer las cosas, un sector que no conocéis o las necesidades de un cliente o una clienta potencial.

### Validación (/047»)

Para validar (o invalidar) alguna idea o concepto en el que estéis trabajando.

### Venta (/056»)

Para vender un producto o servicio ya diseñado, o el propio proyecto. En proyectos con una dimensión de negocio, la mayoría de tus OBV deberían ser de este tipo. Sobre todo porque la mayor parte de las veces vas a fracasar (/006»).

▶ Elige a la persona con la que quieres hablar y queda con ella.

▶ Prepara tu OBV concienzudamente.

- Infórmate de antemano sobre la persona u organización.

- Elabora un cuestionario detallado para entrevistar a la persona (OBV de exploración y validación).

- Crea una presentación de vuestro proyecto que no pueda sino impresionar a la persona (OBV de validación o venta).

▶ Elabora un informe pre-Motorola (/067»).

▶ Sal por la puerta y realiza tu visita.

▶ Vuelve a tu equipo. Cuéntales lo sucedido y, si hace falta, pide algún abrazo.

▶ Elabora un informe post-Motorola (/067») y compártelo con el equipo.

De vez en cuando, conviene hacerse una revisión: comprobar cómo están las constantes vitales, realizar algún análisis y preguntar al médico si deberíamos hacer cambios en asuntos como la dieta, el ejercicio físico y otros hábitos.

En un proyecto pasa lo mismo, y por eso recomendamos organizar una *project clinic* con una cierta regularidad: un par de veces al mes, quizás.

# PROJECT

## NUESTRO RITO

En equipo, escoger cinco personas que podríais invitar como expertos y expertas a otras tantas *project clinics*. ¿Quizás algún contacto de LinkedIn dispuesto a tomarse un café con vosotros? (**/017»**).

1. _____
2. _____
3. _____
4. _____
5. _____

## 076

La idea es presentarle el proyecto (su estado actual y planes para el futuro) y pedir sus recomendaciones. Se trata de un chequeo rápido, unos 20-30 minutos en total.

No garantizamos que la *project clinic* os vaya a salvar la vida, pero tenemos comprobado que una visita ocasional de este tipo puede venirle muy bien a la salud del proyecto.

# CLINIC

## MÁS SALUDABLE

Invitar al experto o experta y realizarle una presentación del estado actual de vuestro proyecto.

Hacerle las preguntas más candentes que tenéis ahora mismo:

1. _____

2. _____

3. _____

4. _____

5. _____

No es una orgía. Pero genera pudor, emociones fuertes y escándalo casi al mismo nivel. El rito del *feedback* 360° consiste en decirnos, a la cara, lo que opinamos cada miembro del equipo de cada uno de los demás. ¡Y delante de todos!

Si este rito te provoca vértigo y palpitaciones, no te preocupes: es normal. Aquí se tocan cosas muy íntimas. Pero, como en el sexo, el asunto promete satisfacciones muy intensas y consecuencias serias: la vida misma de tu equipo depende de este momento de roce.

La idea nos espanta (**/005»**) porque hemos aprendido durante toda la vida a ocultar las opiniones sobre los demás, o como mucho a compartirlas a oscuras, en cuchicheos secretos y a sus espaldas. Pero, con este comportamiento (un tanto pervertido, reconozcámoslo), no llegará tu equipo al éxtasis.

Por cierto, que sepas que, después de probarlo la primera vez, la segunda todo es MUCHO más fácil.

- ▶ Durante **el retiro** anual (**/078»**), el equipo se sienta en círculo.

- ▶ La primera persona tiene cinco minutos para autoevaluarse en voz alta.

- ▶ Cada miembro del equipo tiene tres minutos para darle *feedback*.

- ▶ Se continúa con la siguiente persona en el círculo.

- ▶ También se puede practicar de forma rápida después de cualquier evento o proyecto. De hecho, es una gran idea que fomenta el aprendizaje continuo (**/060»**).

## 077

**DAR**

No juzgues («eres un pelma», «nunca entregas las cosas a tiempo»).

Pon el foco en comportamientos concretos y cómo te sentiste («me entregaste la propuesta dos semanas tarde y me puse de los nervios»).

No intentes cambiar a la otra persona. Ofrece tu *feedback* como un regalo. Incluso puedes acompañarlo de un pequeño regalo: un libro, una canción, un dibujo o una frase.

Hazlo con MIMO...

**Mantener:** Esto me ha gustado, sigue por ahí.

**Integrar:** Echo en falta esto.

**Mejorar:** Aquí podrías mejorar.

**Omitir:** Esto preferiría no volver a verlo.

NUESTRO RITO MÁS PICANTE

**RECIBIR**

Escucha con atención. No es un momento para defenderte, ni para decir nada de nada.

Recuerda que son solo opiniones. Quédate con lo que te sirve.

Tómatelo como un regalo: agradece a quien te lo ofrece.

**Construir un espacio seguro/064»**

# EL RETIRO

## NUESTRO RITO MÁS POTENTE

Los equipos nacen en el bosque (/025»). Pero la historia no acaba ahí.
La llamada del bosque es fuerte. Una vez al año hay que volver
(o quizás buscar un nuevo lugar) para renacer.

Después de 365 días de trabajo, diversión y conflictos, de ideas,
prototipos y proyectos, de éxitos rotundos, fracasos estrepitosos
y todo lo que pasó por el camino, hace falta abrir un espacio y encender
una hoguera, alrededor de la cual celebrar, reflexionar, aprender y unirse.
Así, al final de este *re-tiro* podemos volver a lanzarnos como equipo
hacia nuevos objetivos.

No hay una forma única de montar este
rito. De hecho, cuanto más original sea
el vuestro, mejor. Pero recomendamos
incluir algunos de estos elementos:

▶ Repasar los hitos del pasado año
y el momento actual del proyecto.

▶ Explicar o cocrear la estrategia
del siguiente, y reforzar o modificar
la visión compartida.

▶ Montar sesiones de *birthgiving* en
las que volver a definiros y elaborar
vuestro manifiesto para cambiar
el mundo (/066»).

▶ Incluir el rito anual de ***feedback
360°*** (/077»).

▶ Programar actividades lúdicas
en las que pueda participar todo
el equipo (/038»).

▶ Revisar vuestros contratos
de aprendizaje (/012»).

▶ Llevar comida y bebida
de sobra.

▶ Preparar un final
memorable que los
organizadores mantengan
*TOP SECRET* hasta el final.

## 078

El nombre de vuestro rito anual

_____

El tema o subtítulo para este año

_____

Lugar                                    Día(s)

_____

Preguntas para los *birthgiving*

_____

_____

_____

_____

_____

Agenda

_____

_____

_____

_____

_____

# LEARNING DIARY ESSAY

## NUESTRO RITO MÁS REFLEXIVO

▶ Una vez al año revisa todo lo que has escrito en tu *learning diary* durante los últimos 12 meses.

▶ Escribe tus reflexiones sobre el año: lo que has vivido, lo que has aprendido, lo que aún te queda por aprender.

▶ Comparte estos ensayos con el resto de tu equipo para aprender los unos de las otras.

Ha sido un año increíble...

# TEAM
## DESARROLLO

Learning paths/081»

Book points/082»

Reuniones de frikis/083»

Tablero de juego/084»

**Team coach/085»**

**Cohete de aprendizaje/086»**

**Big Fucking Problems/087»**

**We didn't come this far only to come this far/088»**

Una cosa es un equipo y otra, un equipo de alto rendimiento. Si queréis pasar el rato, montar algún proyecto y corear de vez en cuando vuestro grito de guerra, os bastará con lo primero. Pero a lo mejor vuestras ambiciones se salen de los límites convencionales. A lo mejor tramáis algo gordo, incluso que pueda tener un impacto real sobre los *big fucking problems* de este mundo. En ese caso, tendréis que apuntar hacia lo segundo.

Desarrollarse como equipo significa aprender juntos, a trancas y barrancas, a lo largo de un camino de reinvención continua. Al principio, este camino discurre bien pegadito a la tierra, por mucho que soñéis con las nubes. Pero, con el tiempo, podéis llegar a despegar del suelo y apuntar no a las nubes, sino hacia las mismísimas estrellas.

# LEARNING

Vuestro cohete de aprendizaje (**/086»**) y el *learning contract* (**/012»**) de cada miembro del equipo recogen las competencias concretas que necesitáis urgentemente para poner en marcha vuestros proyectos: desde asuntos financieros hasta elementos de *branding*, gestión, *e-commerce* y desarrollo personal.

No podéis aprenderlas todas a la vez. Ni vais a tener toda la vida para hacerlo. Os recomendamos abordarlas una a una, de forma concentrada, equilibrando teoría y práctica. Esto es lo que llamamos un *learning path*, o itinerario de aprendizaje. Si cada miembro del equipo puede acometer entre tres y nueve al año, vais bien.

 Diseña un *learning path*.

¿Qué competencia necesitas urgentemente para tus proyectos actuales? ¿*Marketing online*? ¿Liderazgo de equipos? ¿Contabilidad? Seguro que hay varias, pero escoge una de momento.

———————————————
———————————————

¿Qué fuentes (cursos, vídeos, eventos, *podcasts*, libros, artículos) pueden aportarte una sólida base teórica? Esta pregunta puede ser la base de un OBV (**/075»**) con algún experto o experta.

———————————————
———————————————
———————————————
———————————————

¿Cómo lo vas a aplicar y de qué manera? ¿En un proyecto concreto o con tu equipo en su conjunto?

———————————————
———————————————
———————————————

# PATHS

▶ Realiza el *learning path* (recomendamos un mínimo de 20 horas en total, entre teoría y práctica).

▶ Redacta un análisis de lo sucedido, con estas preguntas o con las que tú prefieras:

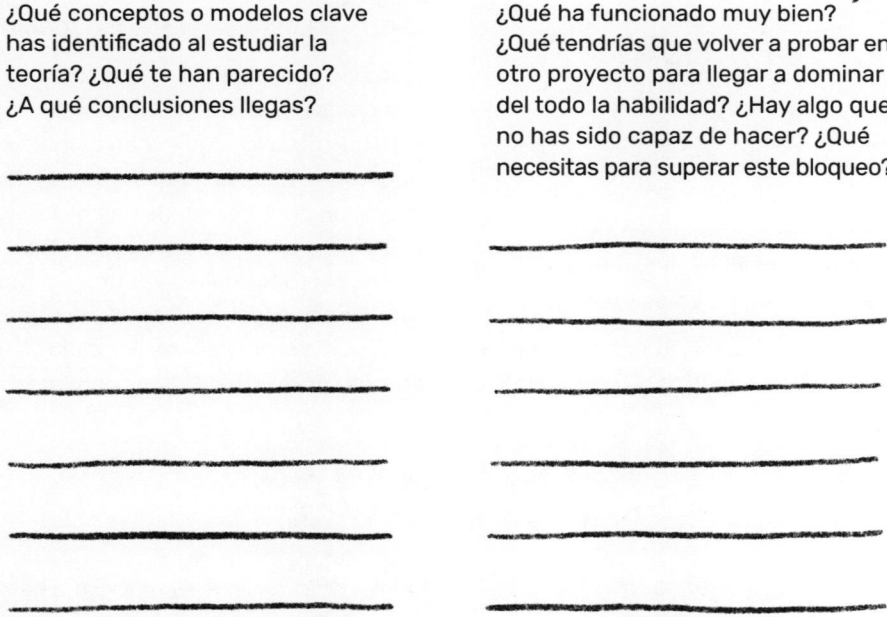

¿Qué conceptos o modelos clave has identificado al estudiar la teoría? ¿Qué te han parecido? ¿A qué conclusiones llegas?

¿Qué ha funcionado muy bien? ¿Qué tendrías que volver a probar en otro proyecto para llegar a dominar del todo la habilidad? ¿Hay algo que no has sido capaz de hacer? ¿Qué necesitas para superar este bloqueo?

▶ Presenta este *learning path* a tu equipo en una ***training session*** (/074»). Y apúntate tres *learning points* (/082»).

**Desarrollo/080»**

# UNA TIC QUE NO PASA DE MODA

En el siglo XXI, estamos rodeados de sofisticadísimas TIC (tecnologías de la información y la comunicación): ordenadores, *smartphones*, navegadores, buscadores, redes sociales, *apps* y webs temáticas de todo tipo.

Sin embargo, hay una TIC que sigue pegando fuerte después de 4000 años de historia:

## EL LIBRO

Da igual si es de papel o digital. La cuestión es leer (o, en el caso de audiolibros, escuchar) un contenido extenso, típicamente dividido en capítulos, párrafos, frases, palabras y letras.

Tienes la inmensa fortuna de que algunos de los mayores expertos de la humanidad hayan dedicado buena parte de su tiempo a volcar su sabiduría en libros, para que puedas acceder a ella cuando más la necesites.

Quizás no lo hayas pensado, pero algunos de ellos tratan JUSTAMENTE de los temas más candentes que necesitas ahora mismo para tus proyectos y equipo. Esos mismos que apuntaste en tu *learning contract* (**/012»**) y que recoge vuestro cohete de aprendizaje (**/086»**).

Sabemos que leer un libro (un texto aproximadamente 2000 veces más largo que un tuit) requiere un esfuerzo importante. Por ese motivo, vamos a regalarte un punto por cada uno que leas: un *learning point*. O incluso dos o tres, según el libro (calcula un punto por cada siete horas de lectura). También puedes conseguir *learning points* por cada *learning path* (**/081»**) que completes.

Anota aquí tus *learning points*
(recomendamos entre 20 y 40 al año)

## 082

▶ Selecciona un tema candente para ti o para tu equipo.

▶ Busca un libro que pueda iluminarte sobre este tema.

▶ Resumen:

▶ Léelo, rellena una ficha como esta y compártela con tu equipo en una _**training session**_ (/074»). De esa manera, si sois cinco miembros en el equipo y cada uno comparte cada año los aprendizajes de 10 libros leídos, es como si os leyerais todos 50.

▶ Principales aprendizajes y aplicaciones a tu equipo y proyectos:

La mayoría de la gente no os entiende.
Piensan que sois raritos raritos.
Que venís de otro planeta.

Quizás tengan algo de razón.

# REUNIONES

▶ Escribir aquí hasta tres temáticas que tengan que ver con vuestro particular planeta:

▶ Planificar una visita de una o más personas del equipo. ¿Quién va?

▶ Buscar un evento próximo y rellenar esta ficha:

Título:

Fechas:

Lugar:

## 083

Por eso es importante que os juntéis de vez en cuando en eventos donde se reúne gente de vuestra especie: frikis del emprendimiento, del cine, del pan artesano, de la programación de videojuegos, del teatro de vanguardia, de la nanotecnología, del desarrollo personal o de lo que sea que os mueve y os apasiona.

A poco que busquéis, encontraréis periódicamente todo tipo de eventos en vuestra ciudad o en ciudades cercanas: ferias, congresos, conferencias, reuniones

de *networking*. Informaos en los *play centers* de vuestro entorno (consulta la lista que encontrarás al final del libro). Incluso si no encontráis nada a 1000 km a la redonda, cada vez es más fácil apuntarse a eventos *online* de todo el mundo.

Los eventos son oportunidades de oro para inspiraros, descubrir nuevas tendencias, ampliar la red de contactos y seguir aprendiendo sobre vuestros temas. Además, os sentiréis como en casa, arropados por frikis de vuestra propia especie. Eso es impagable.

# DE FRIKIS

▶ Rellenar un informe pre-Motorola por asistente (**/067»**).

▶ Visitar el evento en grupo, tratando de maximizar aprendizajes, contactos, alianzas, ventas, etc.

▶ Separaros durante el evento (a no ser que alguna persona sea MUY tímida). De esa manera, es más fácil que cada miembro del equipo interactúe con otras personas.

▶ Compartir los aprendizajes en una *training session* (**/074»**) con todo el equipo.

▶ ¡Dale al PLAY!

Espacio de coworking local

Hasta

Fechas del viaje: Desde

OBV a realizar (/075»)

Marcar el destino con una X

No olvidéis recoger y compartir los aprendizajes en *training sessions* (/074»), con *informes Motorola* (/067») y montando algún *birth giving* (/066») del que salgan nuevas ideas, proyectos e impulsos.

## 084

# VUESTRO TABLERO DE JUEGO

La economía es global. La cultura cruza todas las fronteras. Los **_Big Fucking Problems_** (**/087»**) afectan a toda la humanidad —e incluso a las demás especies de la biosfera—.

Por lo tanto, no es momento para quedaros en vuestro rinconcito. Hay que salir fuera, conectar y colaborar con *players* de los cinco continentes.

Te invitamos a programar algún viaje de aprendizaje, a ser posible con todo el equipo. Nosotros lo llamamos

### learning journey.

¿En qué lugar del mundo existen organizaciones, proyectos, equipos o modelos que os puedan inspirar y con los que podáis colaborar? Ese es vuestro próximo destino.

No hablamos de unas vacaciones. Se trata de una oportunidad única para ampliar horizontes; derribar prejuicios; reforzar el equipo; superar retos; encontrar inspiración; conocer formas de trabajo distintas; practicar idiomas; conseguir nuevos contactos, clientes y alianzas para vuestros proyectos actuales, y lanzar nuevos proyectos internacionales.

¿Que no disponéis del tiempo o del presupuesto para poner este sueño en marcha? He ahí el primer reto. ¡Feliz aventura!

Todo equipo se merece un (o una) *team coach*.

No hablamos de un jefe que dice lo que hay que hacer. Tampoco de un experto o una experta que da lecciones o consejos. Ni siquiera es un *coach* personal, de esos que abundan hoy en día.

El o la *team coach* facilita el aprendizaje, el crecimiento y la innovación del equipo.

Esta figura, externa al propio equipo, no tiene por qué estar siempre presente, pero es útil que intervenga en ciertos procesos, como los ***birth giving*** (/066»), los retiros anuales (/078») y las ***training sessions*** (/074»). Como un *coach* deportivo, acompaña, orienta y estimula a los *players* para convertirse, progresivamente, en un equipo de alto rendimiento.

## 085

# ¿QUÉ HACE UN O UNA *TEAM COACH*?

Crea espacios seguros (**/064»**).

Escucha mucho muchísimo.

Guía el proceso de aprendizaje (**/081»**).

Facilita sesiones de innovación (**/033»**).

Te da las patadas para que salgas fuera-del-edificio (**/075»**).

Promueve el nonakeo (**/061»**).

Propone procesos, dinámicas y juegos que rompen esquemas (**/038»**).

Hace preguntas que estimulan el aprendizaje.

Fomenta la búsqueda del propio camino.

---

▶ Buscar un o una *team coach* para vuestro equipo.

▶ ¿Que cómo se busca eso? Es alguien con experiencia en la facilitación del aprendizaje y la innovación.

▶ Contratarle para alguna sesión concreta.

▶ Si veis que os aporta algo, le volvéis a contratar. De lo contrario, volvéis a empezar el proceso.

▶ Y así sucesivamente.

► ¡Dale al PLAY!

Para llegar hasta el infinito y más allá, os va a hacer falta un cohete: un cohete de aprendizaje comprimido.

Este sofisticado vehículo debe incluir todas las competencias propias de un equipo de alto rendimiento (en vuestro ámbito concreto): todo lo que puede impulsaros hacia las estrellas.

No tiene por qué ser perfecto. Basta con construir un primer prototipo (¡que luego iréis mejorando!) para empezar a volar.

Vuestro cohete os ayudará a:

· Convertiros en una verdadera *learning organization* (**/060»**).

· Seleccionar vuestros ***learning paths*** (**/081»**) y lecturas (**/082»**).

· Sacar el máximo partido a vuestros prototipos (**/040»**) y proyectos (**/050»**).

· Evaluar, en cada uno de vuestros retiros anuales (**/078»**), cómo vais progresando en vuestro desarrollo.

# CONSTRUYE TU COHETE

▶ Diseñar el cohete en equipo, posiblemente con la ayuda de vuestro ***team coach*** (**/085»**). Esto va a requerir, sin duda, una sesión intensa de ***birth giving*** (**/066»**). En la siguiente página puedes comenzar a anotar algunas ideas.

▶ Sugerimos incluir tres motores que representen el aprendizaje individual, de equipo y de empresa (o de ONG, asociación o lo que seáis).

▶ Debería tener en cuenta los objetivos de los ***learning contracts*** (**/012»**) de cada miembro del equipo.

▶ Con el paso del tiempo, lo tendréis que ir tuneando y adaptando a las nuevas necesidades que vayan surgiendo.

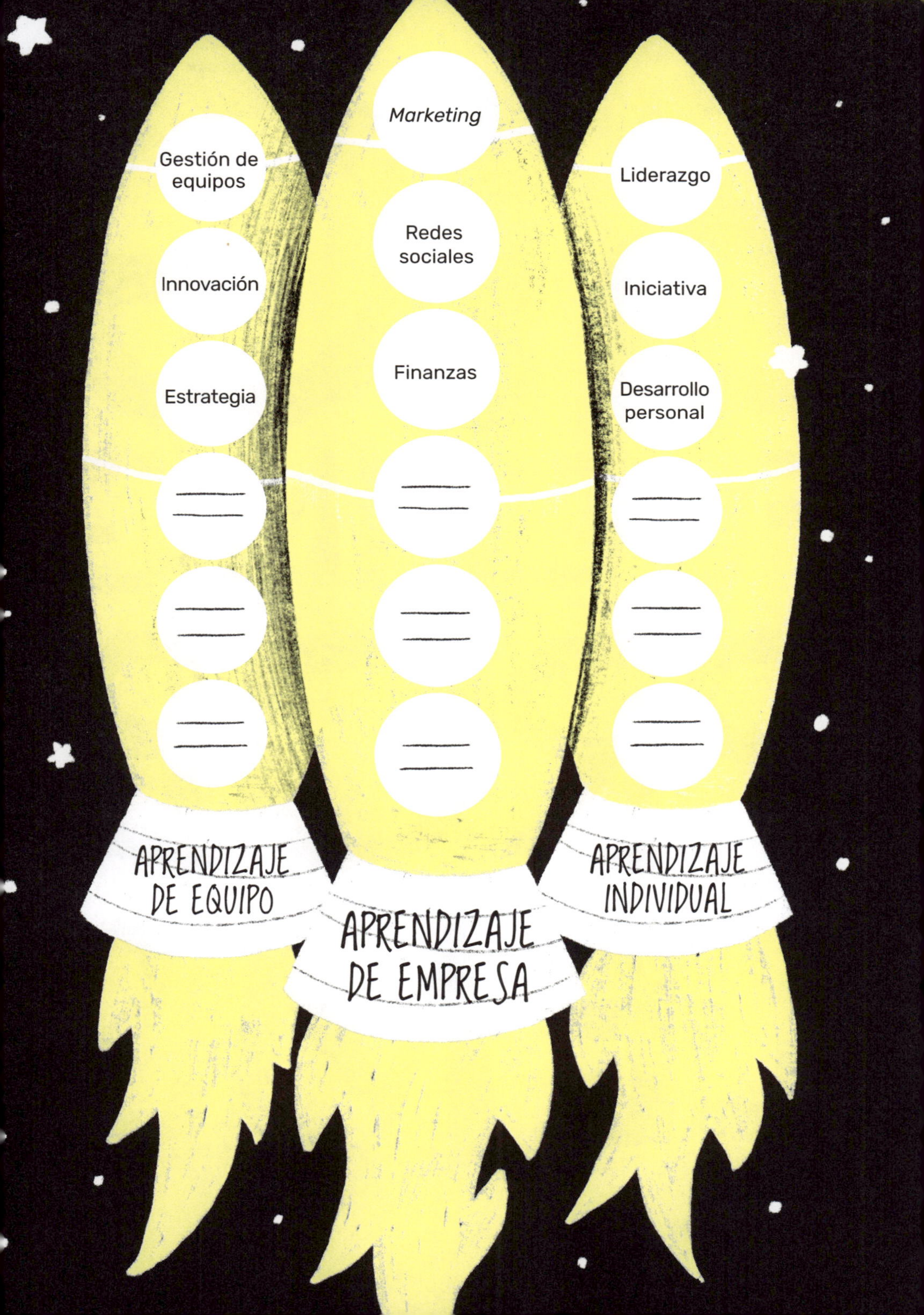

## 086

Gestión de equipos

Innovación

Estrategia

Marketing

Redes sociales

Finanzas

Liderazgo

Iniciativa

Desarrollo personal

APRENDIZAJE DE EQUIPO

APRENDIZAJE DE EMPRESA

APRENDIZAJE INDIVIDUAL

# BIG FUCKING PROB LEMS

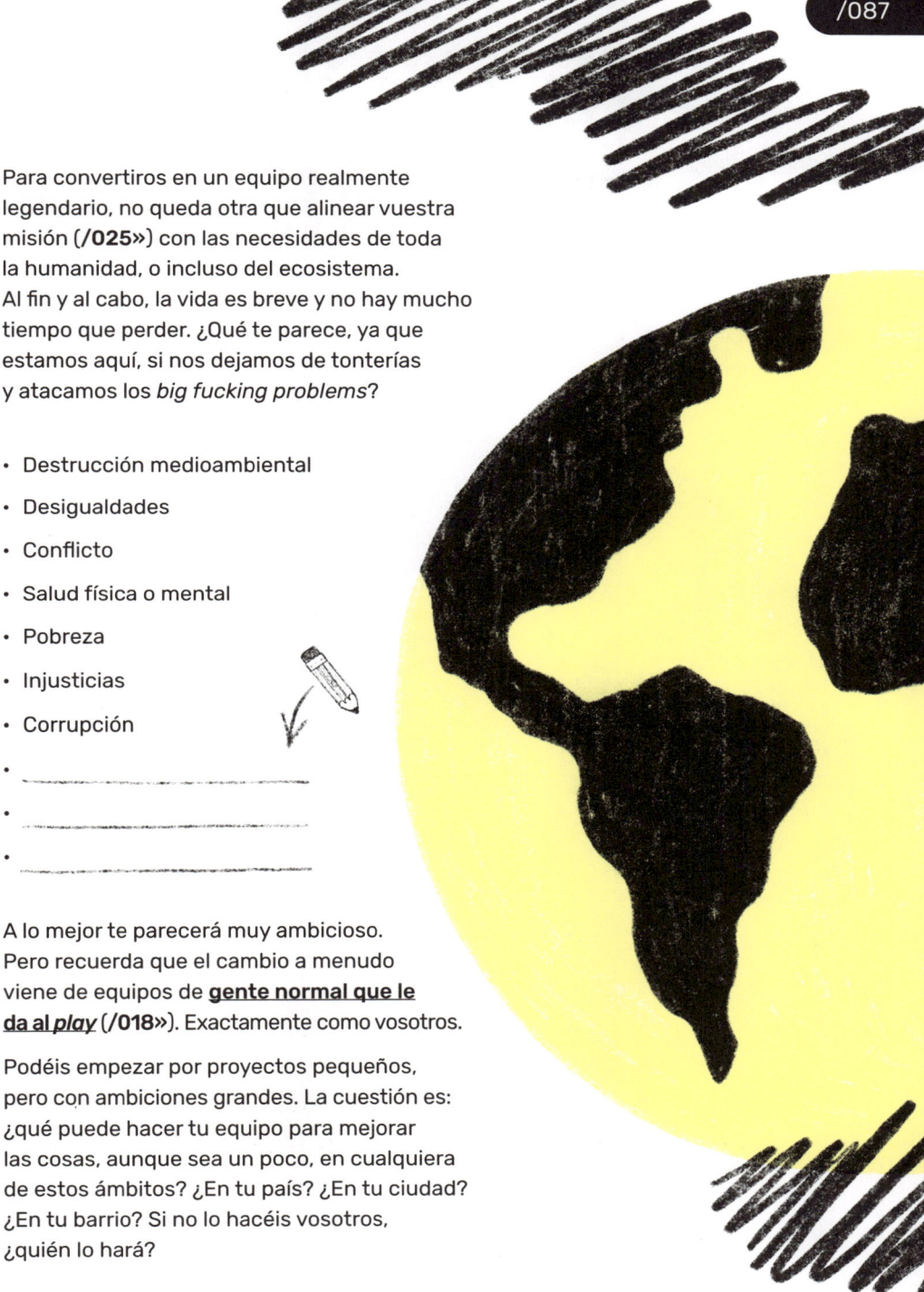

Para convertiros en un equipo realmente legendario, no queda otra que alinear vuestra misión (**/025»**) con las necesidades de toda la humanidad, o incluso del ecosistema. Al fin y al cabo, la vida es breve y no hay mucho tiempo que perder. ¿Qué te parece, ya que estamos aquí, si nos dejamos de tonterías y atacamos los *big fucking problems*?

- Destrucción medioambiental
- Desigualdades
- Conflicto
- Salud física o mental
- Pobreza
- Injusticias
- Corrupción

- _____
- _____
- _____

A lo mejor te parecerá muy ambicioso. Pero recuerda que el cambio a menudo viene de equipos de **gente normal que le da al *play*** (**/018»**). Exactamente como vosotros.

Podéis empezar por proyectos pequeños, pero con ambiciones grandes. La cuestión es: ¿qué puede hacer tu equipo para mejorar las cosas, aunque sea un poco, en cualquiera de estos ámbitos? ¿En tu país? ¿En tu ciudad? ¿En tu barrio? Si no lo hacéis vosotros, ¿quién lo hará?

*We didn't come... /088»*

# WE DIDN'T COME THIS FAR

No hemos llegado hasta aquí solo
para llegar hasta aquí.

¿Qué te habías creído?

Siempre hay nuevos...
proyectos que emprender (**/050»**),
problemas que resolver (**/030»**),
desafíos descomunales que acometer (**/087»**).

Para un equipo de *players* el juego no tiene fin,
y el aprendizaje tampoco.

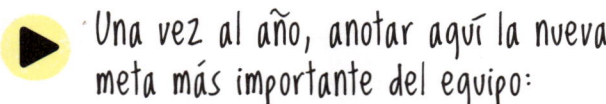 Una vez al año, anotar aquí la nueva
meta más importante del equipo:

Año                          Meta

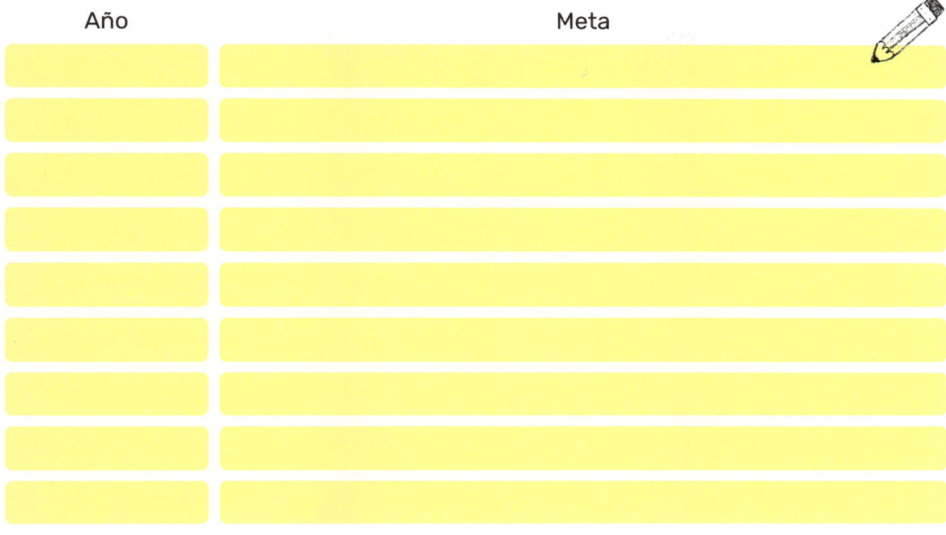

 Y ahora ya sabes... ¡dale al *play!*

# ONLY TO
# COME THIS FAR

▶ ¡Dale al PLAY!

¡Crea tu propia página! Algo que creas que falta en este libro.
Algo que puedas aportar desde tu experiencia.
Y publícalo con el *hashtag* #DalealPLAY.

Añade el enlace
que quieras.

«

Añade el enlace
que quieras.

# NO NOS HEMOS INVENTADO NADA

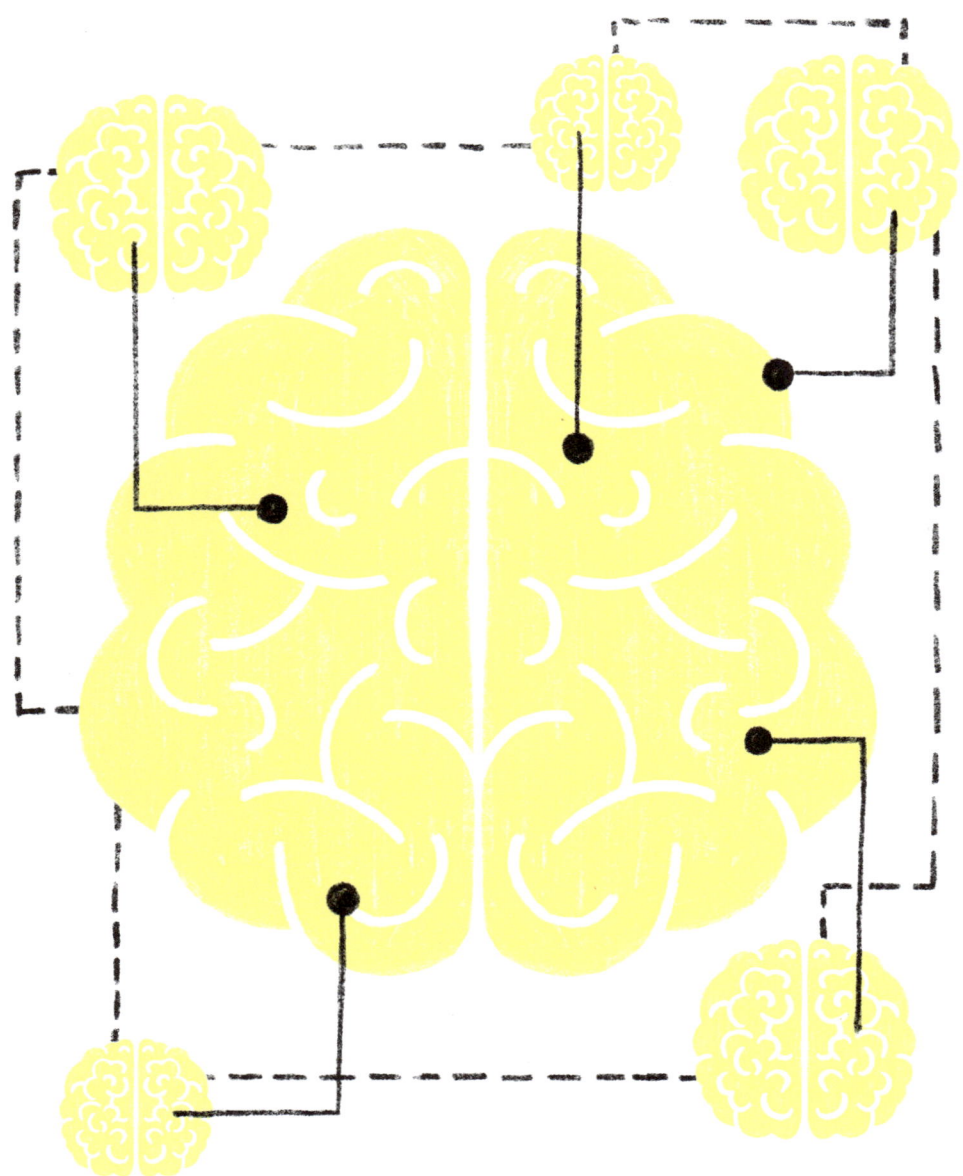

Nada de lo que encontrarás en *¡Dale al PLAY!* es cien por cien original. Las prácticas que proponemos aquí las hemos desarrollado, y las seguimos desarrollando, a partir de ideas, herramientas y métodos preexistentes, que se remontan a elementos anteriores, y así sucesivamente hasta los primeros tiempos del *Homo sapiens*. Si hay algo novedoso en todo esto, será la particular forma de combinarlo, sin duda mejorable. Nuestro deseo, de hecho, es que, al darle al *play*, adaptes, modifiques y experimentes para crear tu propia forma de emprender proyectos.

Ofrecemos aquí una lista incompleta de nuestras fuentes de inspiración más cercanas. ¡Gracias infinitas a todas ellas, y sobre todo a las personas que les han dado vida!

- La experiencia cooperativa de Mondragón —única en el mundo—, que nace en 1943 como un proyecto educativo y empresarial a la vez, cuando José María Arizmendiarrieta pone en marcha la Escuela Profesional (hoy en día Mondragon Unibertsitatea); y la posterior creación del Grupo Mondragón, la mayor cooperativa del mundo, fundada en Euskadi en 1956 con los egresados de este proyecto educativo.

- Tiimiakatemia (Team Academy), el método pedagógico basado en el constructivismo radical de la Jyväskylä University of Applied Sciences (Finlandia), diseñado en 1993 por Johannes Partanen y su equipo.

- El grado LEINN (Liderazgo Emprendedor e Innovación), basado en la metodología de Tiimiakatemia, y que la Facultad de Empresariales de Mondragon Unibertsitatea convierte en grado oficial en 2008, en el marco europeo de enseñanza superior de Bolonia. El grado LEINN es parte de Mondragon Team Academy (MTA), una red global de emprendedores en equipo, con más de 2500 jóvenes emprendedores ubicados en 19 localizaciones en 4 continentes, y de la que nos sentimos orgullosos de formar parte.

- Centros de aprendizaje radical y ecosistemas de innovación como Impact Hub (donde nacimos), Sngular, Kaos Pilot, Hyper Island, Stanford d.School, Ideo, Minerva University, Singularity University, Alt-School, Magic Makers, General Assembly, MIT, Unreasonable Institute, Barefoot College, Media Lab Prado y un largo etcétera.

- Modelos alternativos de escuela, como la Institución Libre de Enseñanza, Summerhill, Montessori, Sudbury Valley o Waldorf.

- Diversos movimientos, disciplinas y teorías como Art of Hosting, la facilitación, el *design thinking*, las metodologías Lean y Agile, el movimiento *maker*, la teoría de sistemas, el constructivismo pedagógico, el *home schooling*, la improvisación teatral, el *crowdsourcing* y la psicología positiva.

- Los miembros de nuestro consejo asesor, que nos han apoyado desde el primer momento: Antonio Lafuente, Antonio Rodríguez de las Heras y Ana María Llopis.

En las notas y la bibliografía al final de este libro encontrarás referencias más específicas.

# LA AVENTURA DE TEAMLABS/

## UN CASO DE ÉXITO Y 999 FRACASOS

¿Qué es TeamLabs/? El resultado de 15 años aprendiendo a trancas y barrancas. Unas 30 000 horas aprendiendo a jugar en equipo, aplicando las sencillas prácticas que hemos incluido en este libro, intentando revolucionar el mundo sin tener ni idea de cómo se hace eso. ¡Dándole al PLAY!

Compartimos aquí algunos de nuestros ocasionales logros y abundantes fracasos, tanto de TeamLabs/ como de nuestras valerosas Team Companies. Esperamos que te inspiren en los inevitables momentos catastróficos… ¡y que te ayuden a cometer menos errores que los nuestros!

Verás que, a lo largo de esta historia, aparecen enlaces a los nodos que has ido encontrando a lo largo del laberinto del emprendimiento, porque hemos querido vincular nuestra propia historia al discurso; nosotros también hemos ido aprendiendo según íbamos haciendo.

## 2010–2011  TeamLabs 0.0

Todo comenzó en el Impact Hub Madrid, durante la peor crisis económica en un siglo («/003). El Hub era uno de los primeros centros de *co-working* en España, lleno de gente normal y corriente con ganas de darle al PLAY («/018). Dos de sus socios eran Félix y Max.

**Félix Lozano**
Emprendedor social
y cultural veterano

**Max Oliva**
Director de
Impact Hub Madrid

En 2010 Félix viajó a Finlandia para conocer de primera mano el proyecto de Team Academy, el innovador grado de emprendimiento en equipo fundado por Johannes Partanen. Al llegar, Partanen le sorprendió con una pregunta:

Sabías que este año se acaba de estrenar este mismo grado en el País Vasco, ¿verdad?

¿¿Cómo??

**Juan Freire**
Académico experto
en innovación

**Berta Lázaro**
Arquitecta apasionada
del diseño participativo

Efectivamente, la Universidad de Mondragón había conseguido crear el primer grado oficial en España de Liderazgo Emprendedor e Innovación (LEINN), basado en la metodología finlandesa.

Félix, Max y Juan (un habitual colaborador de Félix) comenzaron a soñar con montar el grado en Madrid. En Mondragón les recomendaron a Berta Lázaro como posible aliada.

Un grupo de LEINNers viajó a Madrid para ayudar a arrancar el primer curso. Al final uno de ellos, Ibai Martínez, decidió unirse al proyecto de forma permanente, mudándose a la capital. Se convirtió en nuestro quinto socio.

**Ibai Martínez**
Intrépido LEINNer
de tercer año

El proyecto parecía una locura: ofrecer una licenciatura universitaria sin tener facultad ni aulas ni profesores. Y para colmo en plena crisis económica, sin más financiación que nuestros propios ahorros. Pero nos unía una visión y el entusiasmo de resolver algunos *Big Fucking Problems* como el desempleo juvenil o el desfase entre el sistema universitario y la realidad (**«/025**).

¡DALE AL PLAY!

En los inicios costaba que nos tomaran en serio. Sobre todo, cuando era Ibai el que acudía a reuniones con inversores, directoras de colegios o representantes de entidades públicas. Al ver a este chaval medio despeinado, inevitablemente se preguntaban:

¿Y a ti QUIÉN TE MANDA?

El nombre de TeamLabs/ nos vino después de encontrarnos de nuevo con Johannes Partanen en Finlandia. Le preguntamos sobre cómo implementar Team Academy de la mejor manera posible. Nos respondió:

¡Atreveos a reinventarlo!

Así nos surgió la idea de un laboratorio de equipos, un espacio de experimentación y de reinvención continua:

**TeamLabs/**

Berta asumió la tarea heroica de acompañarlos como primera *team coach*.

¡Viva WALKINN!

Pero un primer grupo de valientes *players* apoyados por sus valientes familias iniciaron el grado juntos, fundando el primer equipo de LEINN en TeamLabs/.

Estos jóvenes alucinaban. Y sus padres y madres, aún más. A la gran mayoría, como es lógico, les costaba imaginar que aquello pudiera ser una opción universitaria «seria».

Estamos en el lugar ideal para emprender, el Barrio de las Letras, un ecosistema urbano de innovación lleno de *startups*, el Medialab Prado, el Caixaforum...

Reclutar al primer equipo no fue fácil. Al llegar los potenciales LEINNers a su futura «universidad» descubrían que la sede de TeamLabs era un garaje. Bueno, un exgaraje reconvertido en un centro de *co-working*.

**IMPACT HUB MADRID**

## 2012    **TeamLabs 1.0**

## 2013    **TeamLabs 2.0**

El primer año fue muy ilusionante, pero también tormentoso. Es cuando empezamos a aprender en nuestras propias carnes eso de que «Os vais a pelear» (**«/007**).

En los peores momentos, nos agarramos a la misión que nos había unido y que seguía inspirándonos (**«/025**): crear un laboratorio de aprendizaje radical para borrar la frontera entre el mundo «educativo» y el mundo «real».

¡OTRA UNIVERSIDAD ES POSIBLE!

Mientras tanto, tratamos de montar TeamLabs/ también en Barcelona. El primer centro escolar que visitamos fue el renombrado Colegio Montserrat. Lo primero que nos preguntó la madre superiora fue:

¿Dónde va a estar vuestra universidad?

Nos había pillado. Aún no teníamos sede. Ni siquiera un centro de *co-working*.

Sin embargo, al escuchar nuestra confesión la madre superiora sonrió y nos dijo:

Así se hace: primero el proyecto educativo y luego el edificio. ¡Esto va a funcionar!

A pesar de su bendición no conseguimos montar un grupo en Barcelona ese año. Pero algunas de las seleccionadas se animaron a unirse al equipo GOBOX que comenzó en septiembre en Madrid.

TO MADRID

**2014  TeamLabs 3.0**

El año siguiente finalmente sí conseguimos montar el primer equipo en Barcelona. Desafortunadamente, de un equipo de ocho personas, solo una acabó el grado.

Al mismo tiempo, estrenamos un nuevo programa de máster que llamamos *Master Yourself*. Este primer prototipo fue un atrevimiento, ya que no se trataba de un título «oficial» de nada. El provocador nombre del máster podría traducirse como «Gestiónate a ti mismo», pero también «Titúlate a ti mismo».

*Master Yourself*

Hay gente que esto no lo entendía.

¿CÓMO QUE «TITÚLATE A TI MISMO»?

Mientras tanto, uno de los proyectos de WALKINN, Nostoc Biotech, comenzó a crecer como una población de lombrices.

Este año TeamLabs/ comenzó a internacionalizarse, colaborando con el Stanford d.School y con el Tecnológico de Monterrey, una de las universidades de más renombre en América. Desde entonces, hemos colaborado con el Unreasonable Institute, la Embajada de Estados Unidos y universidades de todo el mundo.

**2015  TeamLabs 4.0**

Master Yourself fue el primero de varios programas de máster que hemos lanzado, que, ahora sí, cuentan con títulos oficiales de la Universidad de Mondragón.

Pero muchas de las personas que vivieron alguna de sus seis ediciones salieron transformadas por la experiencia, listas para enfrentarse a casi cualquier desafío. Esto es algo que no puede certificar un mero trozo de papel.

LIT    CLO    MTalent

¡Quién dijo que las lombrices no son *cool*?

La idea no parecía muy «sexy» a primera vista: fabricar fertilizantes ecológicos, a base de microorganismos procedentes del humus de lombriz.

Además, en 2015 Google seleccionó a TeamLabs/ para realizar su formación Actívate Google, que realizamos en más de 15 ciudades españolas durante tres años. Desde entonces, hemos colaborado con organizaciones como...

- Ikea
- Fundación Vicente Ferrer
- Telefónica
- Seat
- Oxfam Intermón
- Naturgy

## 2016 TeamLabs 5.0

Estrenamos sedes propias en Madrid (en un antiguo palacio de los Duques de Alba) y Barcelona (en la antigua sede de un partido político). Ahora los padres y madres se quedaban algo más tranquilos.

Dos proyectos de la Team Company GOBOX empezaron a despuntar este año y al siguiente...

Sheedo es un papel muy especial, diseñado para reducir el impacto medioambiental que produce la industria papelera («/087): un papel de usar y plantar.

### Clientes
- Inditex
- Coca-Cola
- Danone
- Telefónica

Gonzalo Mestre y Gala Freixa, cofundadores de Sheedo, han recibido numerosos premios de emprendimiento por este innovador proyecto. Uno de ellos fue el que recibió Gala al ser reconocida por la revista *Forbes* como uno de los 30 talentos con menos de 30 años en España. En 2024 ya hay 10 LEINNers con este reconocimiento.

## 2017    TeamLabs 6.0

Hemper es una marca de mochilas que se fabrican artesanalmente en Nepal con un material sostenible, el cáñamo, y mediante el trabajo de comunidades locales en riesgo de exclusión social (**«/087**).

Su directora, Gloria Gubianas, ha sido elegida «Mujer emprendedora del año» y fue la segunda marca de moda en obtener el reconocimiento BCorp.

Todo esto suena muy bien, pero los miembros de GOBOX tuvieron que superar mil aventuras y desventuras para llegar al éxito. Durante su viaje de aprendizaje a San Francisco, trataron de repartir *flyers* por la calle para promocionar uno de sus primeros proyectos. Pero no contaban con que este barrio era un lugar bastante inhóspito, con gente que les gritaba cosas del estilo:

¡Volveos a vuestro país!

¡Os voy a cortar el cuello!

No repartieron ni un *flyer*, pero al menos sobrevivieron para contarlo.

## 2018    TeamLabs 7.0

TeamLabs/ Barcelona se mudó a una nueva sede mucho más grande en Poblenou, un distrito industrial reconvertido en la sede de la «sociedad del conocimiento».

No consiguieron el contrato. Pero más adelante, con la lección aprendida, volvieron a probar (**«/063**). Finalmente lograron el patrocinio de Mahou, una marca que dio un fuerte impulso al proyecto.

135 000 euros.

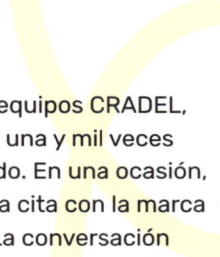

Ejem... ¿Os dais cuenta de que me estáis pidiendo más que los del Viña Rock?

Como todos los equipos CRADEL, metieron la pata una y mil veces hasta ir acertando. En una ocasión, consiguieron una cita con la marca de ron Negrita. La conversación con el Brand Manager iba muy bien hasta que el LEINNer Íñigo Iriondo le soltó el presupuesto.

Mientras tanto, en Madrid la Team Company CRADEL llegó en esta época a la culminación de su éxito con Basik Sessions, una plataforma de apoyo al talento musical emergente. En estos conciertos 100 % acústicos, sin escenario, sobre un sencillo sofá multicolor, tocaron grupos como Beluga, Young Forest, Playa Cuberris, La Gata Zurda o Estirga.

Todo fue viento en popa hasta que llegó el covid-19 y los eventos en vivo se prohibieron de un día para otro. Cuando decimos *The Unknown is Coming*, no bromeamos (**«/003**).

### 2019    TeamLabs 8.0

En 2019 decidimos escribir este libro. El proceso siguió nuestro habitual camino creativo:

- creación de un equipo (**«/020**)
- desarrollo de la idea (**«/030**)
- diseño de varios prototipos (**«/040**)
- pruebas con potenciales lectores (**«/047**), etc.

Desafortunadamente, cuando lo teníamos casi listo, llegó sin aviso la pandemia del covid-19. La idea de «Darle al PLAY» no parecía interesarles a las editoriales, con todo el mundo en PAUSE.

Tras el fracaso inicial, llegaron otros. La pandemia se alargaba y se alargaba, y llegamos a creer que este libro nunca se publicaría.

Pero no nos olvidamos de nuestro querido mantra:
LOOK AGAIN / THINK AGAIN / DO AGAIN (**«/063**)

Mientras tanto, íbamos buscando aliados con los que impulsar nuestro laboratorio de aprendizaje radical. La Universidad de Mondragón, con la que llevábamos colaborando desde el inicio, mostró su interés en apostar por nosotros con una importante inversión. También iniciamos conversaciones con Sngular, una innovadora consultora de tecnología, que nos podía ayudar a afrontar los retos de nuestra era digital.

Y cinco años después Larousse y Grupo Anaya, editorial líder en el sector educativo, han apostado por nosotros.

## 2020 TeamLabs 9.0

La pandemia del covid-19 trastocó nuestros planes por completo, como a casi todo el mundo (**«/003**). Tuvimos que repatriar a cientos de LEINNers de viaje por el mundo y reinventar todo el grado en modo virtual. Además, por poco perdemos a nuestro CEO Félix Lozano, que anduvo entre la vida y la muerte durante algunos días.

¿Dejaron de darle al PLAY? ¡Qué va! Inmediatamente se pusieron a montar *escape rooms* virtuales, aprovechando la necesidad urgente que tenían las empresas para que su personal interactuara («/036). La iniciativa tuvo un éxito enorme, convirtiéndose en una importante plataforma de *teambuilding* en línea.

Pero Marta Maneja y Hernán Hernández soñaban con emprender un proyecto de impacto más significativo («/087). Acabaron creando Gloop, una empresa que fabrica pajitas y cucharillas comestibles que se usan, entre muchos otros clientes, en la cadena de hoteles Iberostar.

La Team Company APOLO estaba gestionando en marzo de 2020 unos *escape rooms* que se volvieron inviables con el confinamiento y las posteriores normativas de distanciamiento social.

Recientemente esta empresa ha cerrado una ronda de inversión de 540 000€, acercándoles un poco más a cumplir con la misión de eliminar el plástico de un solo uso.

Los equipos se volcaron en iniciativas de carácter humanitario («/087): proyectos para luchar contra el virus mediante el análisis de datos, apoyo a niños y sus familias, laboratorios creativos y mucho más.

## 2021    **TeamLabs 10.0**

Kiko de Arias y Nacho Carrera se conocieron en LEINN y montaron veintidós proyectos, muchos de ellos asociados a la gastronomía, su gran pasión. Veinte de ellos fracasaron (**«/006**).

Pero un par de ellos funcionaron, entre ellos Chef Digital, una agencia de *marketing* digital para restaurantes (**«/050**). Después de completar LEINN montaron su proyecto estrella, Talent Class, la primera plataforma *online* donde chefs Michelin enseñan a cocinar (**«/088**). En este caso, la pandemia del covid sirvió para impulsar el proyecto, porque durante el confinamiento mucha gente se puso a cocinar en casa.

En los últimos años, Talent Class se ha transformado en la consultora líder en España especializada en el sector.

A pesar de ello, unos meses después el equipo inicial tiró la toalla tras dos años luchando por la gloria, dejando solo al fundador, Mikel Rubiño.

Como Mikel, exjugador de balonmano del FC Barcelona, no es de los que se rinden, decidió contratar a toda prisa a cuatro personas y seguir adelante (**«/005**).

TeamLabs/ desembarca en Málaga en septiembre con el primer equipo LEINN de la ciudad: DIXUS.

El proyecto Egruppa, una plataforma nacida en LEINN para gestionar los viajes de equipos deportivos, consiguió una inversión de 40 000 € y el apoyo del ecosistema emprendedor Bcombinator.

## 2022    **TeamLabs 11.0**

Mientras tanto, TeamLabs firmó el acuerdo que llevaba algún tiempo negociando con sus dos nuevos socios: la Universidad de Mondragón y Sngular. La Universidad de Mondragón nos proporcionó una importante estabilidad académica, y Sngular, las competencias digitales, tan críticas en el siglo XXI.

En pocos meses vendieron este nuevo Examfy Photos a 40 centros educativos, con más de 100 000 fotos subidas a la nube.

En el siguiente trimestre superaron los 150 clientes y el primer millón de euros de facturación. Ahora, rebautizada como Athlos Sports Travel, la empresa se está consolidando como líder en su campo, gestionando los viajes de más de 250 equipos deportivos.

Tras esta crisis, Pau y sus compañeros volvieron a investigar los problemas reales de los profesionales de la educación («/036). Así es como dieron con una idea ganadora: una herramienta para gestionar las fotos del alumnado de forma segura y respetando las leyes de protección de menores. La idea enseguida interesó a tres colegios, que se comprometieron a suscribirse al servicio durante un año.

2023   **TeamLabs 12.0**

La sede de Madrid de TeamLabs/ se muda a un edificio histórico situado en pleno centro, con 6000 m² y 300 años de historia.

Ahora sí que impresionamos de verdad a los padres y las madres.

¡Ooooooooh!

Pau Pavón, del equipo DROP, recibió el premio de Mejor Emprendedor Universitario de España por su proyecto Examfy, que simplifica el tedioso papeleo al que se enfrentan diariamente los docentes de nuestro país. Fue solo uno de los varios premios de emprendimiento que recibía este innovador proyecto, que permitía escanear y gestionar los exámenes y otros trabajos escolares.

Sin embargo, por «genial» que fuera y por muchos premios que se llevara, no lograban vender el producto. DROP había cometido el clásico error de desarrollarlo sin haber testado primero un prototipo, para saber si alguien estaría dispuesto a pagar por él («/040).

## 2024    TeamLabs 13.0

TeamLabs/ Málaga se mudó al Málaga TechPark, un ecosistema tecnológico con más de 650 empresas, desde pequeñas *startups* hasta las mayores empresas del sector.

En Barcelona se construye un nuevo laboratorio de 3400 metros cuadrados frente al Ecodistrito La Mercedes.

Creamos, junto con el Grupo Anaya, el proyecto Tiimi_ para revolucionar la formación de profesionales y directivos del mundo educativo.

También iniciamos un fondo para que inversores externos puedan apoyar proyectos innovadores de nuestros LEINNers ya graduados: Face the Next Ventures.

Este año lo está petando entre las jóvenes la marca de moda One Dilemma, una marca de pantalones y minifaldas tejanas customizadas con tachuelas y estrellas. Esta marca, creada por tres LEINNers, Marta Capel, Loreto Normand y Paula Corchado del equipo LID, ha facturado en solo once meses un millón de euros.

Su mayor reto fue precisamente cómo no morir de éxito, ya que la explosión de la marca se produjo mientras estaban de viaje con su equipo en Asia, a miles de kilómetros, con ocho horas de diferencia, con cinco mil usuarios diarios y la web sin *stock*.

Tuvieron que pedir mil favores a familiares y amigos para superar esta tormenta de fama inesperada (**«/053**).

## 2025 - 2050

### TeamLabs 14.0 - 39.0

Sentimos que estamos cumpliendo nuestro sueño. La «locura» que queríamos acometer en 2010 ya es una realidad. Somos parte de una revolución necesaria en el mundo educativo.

**Labs permanentes**
- Madrid
- Barcelona
- Málaga

**Labs estacionales**
- Berlín
- Helsinki
- Bombay
- Seúl
- Costa Rica

### EL IMPACTO TeamLabs/

**+600** *teampreneurs* actualmente matriculados

**+12** nuevas Team Companies al año

**+60** Team Companies creadas en total

**+2000** proyectos reales que facturan y pagan impuestos

### ¿Cómo les va a los que han pasado por TeamLabs/?

**97%** de los LEINNers que terminan el grado salen con un puesto de trabajo

**34%** en su propia *startup*

**63%** como «intraemprendedores» en empresas como Iberia, Inditex, Cabify, Sacyr, Google, Camper, LaLiga o Carrefour

Avantis, Asperis Security, Sapinn, Goatedlink, Yuxus, Mazinn, Youz Talent, CoastBCN, InnoCard, Escape the City, Mas1, Baya Talent, Akalipe...

# Y AHORA, ¿QUÉ?

¿Qué nuevas sorpresas nos esperan? ¿Con qué éxitos y fracasos seguiremos aprendiendo? ¿De qué nuevas formas nos llenarán de orgullo nuestros valerosos y valerosas LEINNers? ¿Aterrizarán los alienígenas abiertamente de una vez por todas?

Solo sabemos que es imposible saberlo (**«/003**). Pero sí hay una cosa que es segura: no hemos llegado aquí solo para llegar hasta aquí (**«/088**).

Nuestro nuevo mantra es

# FACE THE NEXT

Nos enfrentamos a lo que venga, haciendo
lo posible por seguir resolviendo los
*Big Fucking Problems* de este mundo (**«/087**).

Seguiremos fracasando, cada vez más rápido
y mejor (**«/006**). Creciendo, aprendiendo,
disfrutando de esta aventura en equipo
y tratando de mejorar las cosas, más allá
del «éxito» que tanto se glorifica en nuestra
civilización desorientada.

Nos vemos en el futuro:
**teamlabs.es**

# QUIERO AGRADECER:

- Al equipo de TeamLabs/, que me propuso este proyecto, participó en la ideación y el prototipado durante muchos meses de trabajo, y me proporcionó una cantidad enorme de conocimientos tácitos y explícitos: Félix Lozano, Isabel Ávila, Berta Lázaro, Ibai Martínez, Marcela Riomalo, Ainhoa Zamora, Beatriz García e Ignasi Bassas.

- A los y las participantes que leyeron el primer prototipo de este libro e interactuaron con él: Jesús Pizarro, Macarena Castellanos, Álvaro Ortega, Lola Sainz, Santiago Riomalo, Emilio Fernández y Selene Riba.

- A Alex Dobler, que ayudó a dar forma a este peculiar libro-laberinto y trató de vender el proyecto en medio de una pandemia global.

- A Fernando Herranz, responsable de Innovación del Grupo Anaya, y a los editores que apostaron por el universo TeamLabs/ desde el primer minuto: Sofía Acebo y Toni Vallès.

- A Olga y Anna de RedMood por su dedicación y creatividad a la hora de ilustrar y maquetar este libro-laberinto.

- A TeamLabs, sus intrépidos *team coaches*, sus valientes *teampreneurs*, y toda la gente que ha apoyado o ha tratado de derribar el proyecto, haciéndolo más fuerte.

- A todos los miembros del equipo que participaron en la versión web de este proyecto, sobre todo Laura Muñoz y Mathew.

- A los numerosos *players* con los que he colaborado en todo tipo de proyectos a lo largo de mi vida, entre ellos varios cortometrajes: *King's Herald*, *Meta4*, *Netjuice*, *Scient*, *Impact Hub*, *Humor Positivo*, *Moebius Mind*, *ModoSer*, *la Sociedad Española de Psicología Positiva*, *Book on a Tree*, *Hyper Island* y *Absurdia Teatro*.

- A toda la comunidad Mondragon Team Academy, a Tiimiakatemia y a los *changemakers* de todas las épocas y lugares que supieron darle al *play*, le están dando ahora mismo o le darán en el futuro.

# RECURSOS
## PLAY CENTERS

Aquí encontraréis algunos de los lugares donde se congregan *players*, física o virtualmente, en España y en el mundo.

¡Añade los que creas que faltan a la lista!

**Espacios de *coworking*:**
Impact Hub (internacional), Utopic_US (Madrid y Barcelona), Google Campus Madrid, MOB (Barcelona), Crec (Barcelona), WayCo (Valencia), espacio_RES (Sevilla), Innovation Home (Finlandia), Betahaus (Berlín), Galvanize (Nueva York)...

**Asociaciones:**
Entrepreneurs' Organization (EO), Asociaciones de Jóvenes Empresarios (AJE) de cada comunidad autónoma, Federación Nacional de Trabajadores Autónomos, Asociación Española de *Startups*...

**Aceleradoras:**
Bridge for Billions, Seedrocket, Wayra, Conector, Lanzadera, Impact, BerriUp, Metxa, Demium Startup, Ship2Be...

**Medios de comunicación:**
Emprendedores, El Referente, TodoStartups, InnovaSpain, Cámara Abierta, Emprende TV, Actualidad Económica, Forbes, Entrepreneur, Fast Company, Fortune, Wired, Under 30 CEO...

**Eventos de emprendimiento:**
South Summit, Startup Grind, Startup Olé, Feria de las Ideas...

**Emprendimiento social:**
Ashoka, Impact Hub, Efes, Asociación Española de Emprendimiento Social, Sannas, Emprendeverde...

**Organismos oficiales españoles:**
Cámara de Comercio, Centro de Información y Red de Creación de Empresas (CIRCE), Dirección General de Industria y de la Pequeña y Mediana Empresa, Portal del Autónomo, Centro para el Desarrollo Técnico Industrial, Red.es, Instituto Cervantes...

**Organismos oficiales europeos:**
EUGO (ventanilla única europea), Portal Europeo para Pymes, Red Europea para Emprendedores, Programa Your Europe, Programa Erasmus para Jóvenes Emprendedores...

**Plataformas de *crowdfunding*:**
Kickstarter, Indiegogo, Gofundme, Mightycause, Verkami, Lánzanos, Ulule, Goteo, La Bolsa Social...

**Premios:**
Global Student Entrepreneur Awards (GSEA), Certamen Nacional de Jóvenes Emprendedores, Premio Jóvenes Máshumano, Premios Revista Emprendedores, Premios Fundación Princesa de Girona, Madrid Impacta, Premios Forbes, GoHub, Fundación Repsol, EmprendorXXI, LEINN Awards ;-)

**Ferias especializadas:**
de tecnología, *marketing*, bienestar, moda, gastronomía, ecología...

**Espacios culturales y solidarios:**
museos, centros culturales, ONG, librerías, galerías, teatros, festivales, tertulias...

**Laboratorios de aprendizaje emprendedor (o *radical learning labs*, como nos gusta decir a nosotros):**
Kaos Pilot, Hyper Island, Stanford d.School, Ideo, Minerva University, Singularity University, MIT, Tiimiakatemia y todos los laboratorios de Mondragon Team Academy y TeamLabs.

# RECURSOS
## HERRAMIENTAS DIGITALES

Las nuevas tecnologías han transformado por completo la forma de darle al *play* en el siglo XXI. Aquí tienes algunas categorías básicas de herramientas y con sugerencias para cada una.

También tienes espacio para añadir otras (¡sobre todo porque el mundo digital cambia tan rápido que nuestras sugerencias quedarán obsoletas en poco tiempo!)

**Trabajo en equipo:**
Slack, Google Workspace (Gdocs, Sheets, Slides, etc.), Microsoft Teams...

**Encuestas y organización de reuniones:**
Doodle, Google Calendar, Typeform, SurveyMonkey, Google Forms...

**Gestión de proyectos/tareas:**
Trello, Asana, Jira, Airtable, Clickup, Todoist...

**Reuniones virtuales:**
Zoom, Miro, Skype, Google Meet, Jitsy, Webex...

**Seguimiento del tiempo:**
Clockify, Elorus, Toggl, Harvest, Everhour, RescueTime, Tsheets...

**Almacenamiento:**
Gdrive, Dropbox, OneDrive, iCloud, Amazon Drive...

**Gestión de RRSS:**
Hootsuite, Buffer, Sendible, TweetDeck...

**Portales de venta externos:**
Ebay, Etsy, Wallapop, Amazon Marketplace, Solostocks...

**E-mail marketing:**
Mailchimp, SendInBlue, MailerLite, Moosend...

**CRM (customer relationship management):**
Salesforce, Hubspot, Insightly, Zoho, Apptivo, Less Annoying CRM...

**Diseño web:**
Wordpress, Wix, Weebly, Google Sites, Squarespace, Joomla...

**Edición de vídeos:**
iMovie, MovieMaker, Premiere, Final Cut, Lightworks...

**Diseño gráfico y edición de fotos:**
Canva, Visme, Stencil, Illustrator/ Photoshop, Lightroom, Gimp...

**Archivos de imágenes y vídeos:**
Pexels, Pixabay, Unsplash, Freepik...

**E-commerce:**
Woocommerce, Shopify, Squarespace, Magento...

**Otras apps de productividad:**
IFTTT, Zapier, Evernote, Stayfocusd, Genius Scan...

**Inteligencia artificial:**
Chat GPT, Jasper, Firefly, DALL-E, Midjourney, Suno, Runway...

# RECURSOS

## BIBLIOGRAFÍA

Aquí encontrarás un listado de todos los libros, artículos y documentos citados en las notas que encontrarás en la siguiente sección.

Alexander, Caroline (2003). *Atrapados en el hielo*. Booklet.

Anderson, David (2010). *Kanban*. Blue Hole Press.

Bohm, David (1997). *Sobre el diálogo*. Kairós.

Brown, Morgan (2017). *Hacking Growth: How Today's Fastest-Growing Companies Drive Breakout Success*.

Cazzaniga, Mauro et al. (2024). *Gen-AI: Artificial Intelligence and the Future of Work*. International Monetary Fund.

Coelho, Paolo (2014). *El alquimista*. Booklet.

Cooper, Alan (1999). *The Inmates Are Running the Asylum*. Pearson.

Cunningham, Ian (1994). *The Wisdom of Strategic Learning: The Self Managed Learning Solution*. McGraw-Hill Education.

Csikszentmihalyi, Mihaly (2011). *Fluir (flow): Una psicología de la felicidad*. De Bolsillo.

Delfino, D., y Shepard, D. (2024). «Percentage of Businesses That Fail — and How to Boost Chances of Success». Lendingtree.com.

Doerr, John (2019). *Mide lo que importa*. Conecta.

Doran, G. T. (1981). «There's a S.M.A.R.T. way to write management's goals and objectives». *Management Review* 70 (11): 35-36.

Garber, C. (2011). «How to Make Maximum Money with Minimum Customers: 21 Proven Direct-Marketing Strategies Anyone Can Use!». Kingofcopy.com.

Godin, S. (2008). *Purple Cow: Transform Your Business by Being Remarkable*. Penguin.

Greenstein, Laura (2012). *Assessing 21st Century Skills*. Corwin.

Harari, Yuval (2015). *Sapiens: de animales a dioses*. Debate.

Henneberry, R. (2017). *Digital Marketing For Dummies*. For Dummies.

Hernández, Raúl (2017). «Skillopment. Aprende a desarrollar cualquier habilidad de forma eficaz». Disponible en: https://blog.raulhernandezgonzalez.com.

IBM (2006). «The Toxic Terabyte». Disponible en: https://ia801003.us.archive.org/2/items/TheToxicTerabyte/The Toxic Terabyte.pdf.

Institute for the Future (2017). «The Next Era of Human/machine Partnerships». Disponible en: www.delltechnologies.com.

Isaacs, William (1999). *Dialogue: The Art Of Thinking Together*. Penguin Random House.

Jáuregui, Eduardo (2022). *Meditar se me da fatal*. Urano.

Jáuregui, Eduardo (2025). *Playfulness: Despierta tu espíritu lúdico*. Destino.

Jáuregui, Eduardo, y Fernández Solís, Jesús Damián (2008). *Alta diversión: los beneficios del humor en el trabajo*. Alienta.

Jiwa, Bernadette (2015). *Meaningful: The Story of Ideas that Fly*. Perceptive Press.

Kabat-Zinn, Jon (2016). *Vivir con plenitud las crisis*. Kairós.

Katzenbach, Jon, y Smith, Douglas (1995). *Sabiduría de los equipos*. Díaz de Santos.

Kawasaki, Guy (2011). *El arte de cautivar*. Gestión 2000.

Kotler, Philip (2020). *Marketing 4.0*. Wiley.

Kotter, John (2013). *Nuestro iceberg se derrite: Cómo cambiar y tener éxito en situaciones adversas*. Granica.

Kouzes, James, y Posner, Barry (2018). *El desafío del liderazgo*. Reverté.

Mirvis, Philip (2002). *To the Desert and Back. The Story of One of the Most Dramatic Business Transformations on Record*. Jossey-Bass.

Nonaka, Ikujiro, y Takeuchi, Hirotaka (1986). *The New New Product Development Game*. Harvard Business Review Press.

Nonaka, Ikujiro, y Takeuchi, Hirotaka (1995). *The Knowledge-Creating Company: How Japanese Companies Create the Dynamics of Innovation*. Harvard Business Review Press.

Partanen, Johanes (2016). *The Team Coach's Best Tools*. Partus.

Patterson, Kerry et al. (2016). *Conversaciones cruciales: Nuevas claves para gestionar con éxito situaciones críticas*. Empresa Activa.

Ries, Eric (2012). *El método Lean Startup*. Deusto.

Roam, Dan (2000). *Tu mundo en una servilleta*. Gestión.

Sáenz de Vicuña, J. M. (2018). *El plan de marketing en la práctica*. ESIC Editorial.

Savoia, Alberto (2012).«Pretotype It: Make Sure You Are Building The Right It before You Build It Right». Disponible en: http://www.pretotyping.org/.

Senge, Peter (2008). *La quinta disciplina*. Granica.

Sibbet, David (2012). *Pensamiento visual*. Conecta.

Spitz, Bob (2006). *The Beatles: The Biography*. Bay Back.

Sterman, Damian (2017). *Historias de fracasos y fracasados que cambiaron el mundo*. Paidós.

Weyler, Rex (2004). *Greenpeace: How A Group of Ecologists, Journalists and Visionaries Changed The World*. Harmony.

# NOTAS

En las siguientes páginas encontrarás algunos apuntes sobre cada nodo de este libro-laberinto, incluidas las fuentes empleadas.

**p. 6-9**

**Manifiesto *PLAY*:** Adaptado del Manifiesto LEINN redactado por Edgardo Zunini para TeamLabs.

**Carnet *PLAYER*:** Inspirado en la tarjeta Do The Never creada por Ville Keränen y David Criado tras un taller del programa MINN de la Universidad de Mondragón.

**Origami:** Si quieres investigar formas molonas de plegar el papel, visita el canal de YouTube de Jo Nakashima.

**/000**

*Pac-man* es el famoso videojuego originalmente desarrollado por Namco en 1980.

**/003**

***The Unknown is Coming:*** Esta es nuestra versión de lo que Yuval Harari denomina *unprecedented transformations and radical uncertainty* (UTRU) en su libro *21 Lessons for The 21st Century* (Spiegel and Grau, 2018). También se conoce más ampliamente como VUCA (*volatility, uncertainty, complexity, ambiguity*), un concepto propuesto en 1987 en un curso del US Army War College para describir el entorno mundial tras la Guerra Fría, y que desde entonces se ha adoptado en entornos empresariales. En TeamLabs desarrollamos en 2019 una campaña

promocional con este título (*The Unknown is Coming*). Colgamos en YouTube un vídeo al estilo de *Juego de Tronos* y enviamos cuervos a colegios de toda España con nuestro mensaje.

**Empleos en 2030:** Ver Institute for The Future (2017).

**Inteligencia artificial:** Ver Cazzaniga et al. (2024).

**El conocimiento se duplica:** La idea del *knowledge-doubling curve* es de Buckminster Fuller, citado en la página 1 de Greenstein (2012). IBM (2006) estimó que hacia 2010 el conocimiento se duplicaría cada 11 horas. Suponemos que son estimaciones poco exactas, y que este «conocimiento» incluye un buen porcentaje de vídeos de gatitos y porno, pero aun así da que pensar.

**Habilidades demandadas:** Hay varias listas de las *21st Century skills*. Ver, por ejemplo, el informe del World Economic Forum, *The Future of Jobs* (2016), disponible en: www.weforum.org.

**Adaptarse al cambio:** Sobre este tema, nos gusta la fábula de Kotter (2013).

**/004**

***Shackleton***: Ver Alexander (2003). El mítico anuncio lo hemos adaptado ligeramente en este contexto.

## /005
*Fuck fear:* Este delicado y poético eslogan lo adoptamos después de escuchárselo a nuestra socia Berta Lázaro, cuyo padre se enfrentaba a un cáncer. Tras una de esas conversaciones funestas plagadas de silencios, surgió la inspiración: «Que le den, papá... ¡*Fuck fear*!». Afortunadamente, el paciente superó su cáncer después de seis operaciones. Nuestra amiga nos cuenta que «ahora habla con una voz carrasposa a lo Janis Joplin que le sienta muy bien y le obliga a no gritarme».

## /006
*Fail better:* El eslogan «Ever tried. Ever failed...» se ha popularizado en el mundo del emprendimiento en los últimos años. El origen es un párrafo de la novela *Worstward Ho*, de Samuel Beckett.

**Alquimista:** Ver Coelho (2014).

**Fracasos:** Ver la historia de la aspiradora de Dyson en www.dyson.co.id y numerosos otros fracasos que cambiaron el mundo en Sterman (2017).

**Cifras de fracaso en las empresas:** Análisis de Lendingtree.com basado en datos del U. S. Bureau of Labor Statistics de 2023. Ver Delfino y Shepard (2024).

## /007
**Si no os peleáis, algo va mal:** Recomendamos la lectura del libro *Conversaciones cruciales* (Patterson et al., 2016), sobre la importancia de enfrentarse a las diferencias interpersonales.

## /008
*Mindfulness:* Ver Kabat-Zinn (2016)

y Jáuregui (2022); ver también www.goamra.org y en España www.nirakara.org.

**Cursos presenciales:** El curso de ocho semanas diseñado por Kabat-Zinn se llama *MBSR* o *Mindfulness-Based Stress Reduction*. Inicialmente se desarrolló en la Universidad de Massachusetts, mientras que la certificación internacional en la actualidad la coordina la Universidad de Brown.

**Instrucciones:** Si no consigues autoguiarte en la práctica, hay una infinidad de audios disponibles en YouTube y *apps* de *mindfulness* como Insight Timer o Headspace. En cualquier caso, recuerda siempre dar prioridad a tus propias necesidades, más que a cualquier instrucción. En mi propio proyecto de *mindfulness*, modoser.com, encontrarás numerosos vídeos y recursos.

## /011
*Learning diary:* Es una de las herramientas básicas de Tiimiakatemia. Al usarlo recomendamos que aprendas a dibujar mapas mentales, una herramienta básica de pensamiento que verás reflejada en algunas de estas páginas. Ver el libro *Mapas mentales* de Tony Buzan.

## /012
*Learning contract:* Adaptado del modelo de Tiimiakatemia, a su vez adaptado de Cunningham (1994).

## /013
**Muro de valores:** Adaptado del escudo de valores empleado por Ignasi Bassas, uno de nuestros *team coaches*.

### /014

**Consulta a tu abuela:** Para encontrar tus fortalezas internas, puedes también tomar el test VIA desarrollado por los psicólogos Martin Seligman y Christopher Peterson en la web Authentic Happiness (www.authentichappiness.sas.upenn.edu/es). En cuanto a tus talentos, una pista son las actividades que te producen un estado de *flow*. Ver Csikszentmihalyi (2011).

### /016

Busca *Susan's garage* y *Googleplex* en Google Maps, que ofrece un *tour* virtual de 360 grados.

### /017

El ejercicio de los círculos lo hemos adaptado del que emplea Tiimiakatemia.

### /018

**The Beatles:** Ver Spitz (2006).
**Greenpeace:** Ver Weyler (2004).
**Impact Hub:** Ver su historia en su web impacthub.net.

### /020

**Triunfando y fracasando:** Una interesante visión sobre las hazañas (y desastres) que ha realizado el ser humano en equipo a lo largo de la historia es la de Harari (2015).

### /024

**Teamzilla:** Este ejercicio se lo inventó Marta Lago, colaboradora de TeamLabs, para unas sesiones de presentación del programa Master Yourself.

### /025

***Forest and back:*** Este rito lo desarrolló Tiimiakatemia, inspirándose en un libro sobre la transformación interna de Unilever: Mirvis (2002).

### /027

***Team leaders:*** El camino de aprendizaje del líder nunca termina, y se aprende sobre todo haciendo, pero hay guías que ayudan a orientarse. Nosotros recomendamos, para empezar, Kouzes y Posner (2018).

### /030

***Design thinking:*** Esta metodología de diseño aplicado a la solución de problemas complejos se lleva desarrollando desde los años cincuenta, con el auge de lo que se conoce como *human-centered design*. Dos de los libros pioneros fueron *Creative Engineering*, de John E. Arnold, y *Systematic Method for Designers*, de Bruce Archer. El método se popularizó a partir del trabajo de David Kelley, Tim Brown y otros colaboradores en la Universidad de Stanford (y su d.School) y en la revolucionaria consultora IDEO. Nuestra versión se inspira, sobre todo, en este trabajo.

### /036

**Mapa de empatía:** Existen muchas versiones de esta herramienta, diseñada originalmente por Dave Gray, fundador de XPLANE y autor de *Gamestorming: a Playbook for Innovators, Rulebreakers and Changemakers*.

### /037

***Dotmocracy:*** Se trata de un método bien establecido en la facilitación desde hace varias décadas. No se conoce el origen.

### /038

**Jugar/crear:** Sobre los beneficios de las emociones positivas en entornos laborales, ver mi libro coescrito con Jesús Damián Fernández *Alta diversión: Los beneficios del humor en el trabajo* (Alienta, 2008).

### /039

**Rompehielos:** Existe una infinidad de juegos (a veces llamados *dinámicas*, que queda más serio) de este tipo. Basta googlear «juegos rompehielos».

### /040

**Prototipado:** Ver nota para Idea/030» y Savoia (2012).

**Prototipo del ratón:** Ver Dougengelbart.org.

**Reglas de oro:** Las hemos adaptado de las reglas de prototipado del d.School de Stanford. En su web ofrecen numerosos recursos muy útiles: https://dschool. stanford.edu/resources.

### /051

**Tipos de proyecto:** Este esquema se basa en el documento «Mogal» creado por el *team coach* Thibaut Deleval de TeamLabs.

### /052

*Lean:* Las metodologías «ligeras» derivan de las prácticas de Toyota en los años treinta del siglo XX, desarrolladas con el objetivo de reducir al mínimo los recursos necesarios, eliminando cualquier desperdicio. El directivo de la automoción John Krafcik acuñó el término *lean*, y luego Eric Ries lo popularizó en el mundo del emprendimiento con su libro (Ries, 2012).

### /053

**Agile:** El origen de las metodologías *ágiles* suele asociarse a entornos de desarrollo de *software* en los años noventa del siglo XX, y culminaron en la publicación en 2001 del *Manifesto for Agile Software Development* (agilemanifesto.org). Sin embargo, sus antecedentes pueden encontrarse en prácticas anteriores del entorno de la automoción y otras industrias tecnológicas, ya descritas por Nonaka y Takeuchi (1986).

**Scrum:** El término lo acuñaron Nonaka y Takeuchi en este mismo artículo, pero las reglas y el formato actualmente conocido como Scrum lo desarrollaron Ken Schwaber, Jeff Sutherland y sus colaboradores a lo largo de los años noventa del siglo XX. La última versión de estas reglas puede consultarse en scrumguides.org.

**Kanban:** Este método visual surgió en Toyota en los años cuarenta del siglo XX, junto con los procesos *lean*. Se popularizó, sin embargo, al aplicarlo Microsoft a principios del siglo XXI, sobre todo a partir del libro de Anderson (2010).

### /054

**OKR:** Los OKR los desarrolló el influyente empresario de Silicon Valley Andrew Grove en Intel, en los años setenta del siglo XX. Fue ahí donde John Doerr, que trabajaba también en Intel, los conoció. Para más información, ver Doerr (2019).

**Reuniones frecuentes:** Doerr denomina estas reuniones CFR (*conversations, feedback and recognition*).

### /055

*Buyer* **persona:** Este concepto lo propuso Alan Cooper como *user* persona en el contexto del desarrollo de *software* (ver Cooper, 1999), y posteriormente fue adaptado al *marketing*, al diseño y a otros ámbitos.

## /056
***Funnel* de ventas:** El modelo AIDA (atracción-interés-deseo-acción) lo propuso el pionero de la publicidad Elias St. Elmo Lewis en el siglo XIX.

**Leer todo lo que pilléis:** Aquí no hay espacio para una lista exhaustiva, pero recomendamos Brown (2017), Garber (2011), Godin (2008), Henneberry (2017), Kotler (2020), Jiwa (2015), Kawasaki (2011) y Sáenz de Vicuña (2018).

## /060
***Learning organization:*** Ver Senge, 2008.

## /061
**Modelo SECI:** Ver Nonaka y Takeuchi, 1995.

## /062
***Team performance model:*** Ver thegrove.com y Sibbet (2012, capítulo 3).

## /063
***Look again / Think again / Do again:*** Esta triple frase es un invento nuestro, aunque inspirado en la famosa cita de Beckett sobre el fracaso (ver nota /006).

## /064
**Proyecto Aristóteles:** Ver la web de Google re:Work (https://rework.withgoogle.com).

## /065
***Smart:*** Existen numerosas versiones de este acrónimo; el original es de Doran (1981).

## /066
***Birth giving:*** Adaptado del proceso empleado en Tiimiakatemia, a su vez inspirado en el modelo de transformación de conocimiento tácito en explícito propuesto por Nonaka y Takeuchi (1995). A su vez inspirado por Sócrates, claro.

## /067
**Informes Motorola:** Se usan en la metodología de Tiimiakatemia, inspirados en los informes internos de aprendizaje de la empresa Motorola en los años ochenta y noventa.

## /068
***Visual thinking:*** Inspírate con Sibbet (2012) y Roam (2000), o busca ejemplos en la web de *visual thinking* y mapas mentales.

## /071
***Check-in/check-out:*** Son ritos muy difundidos en entornos de facilitación y *coaching*. Sus orígenes probablemente se remontan al primer círculo alrededor de un fuego.

## /072
***Chronos:*** Los sistemas para controlar el número de horas trabajadas existen al menos desde finales del siglo XIX. En el mundo de la consultoría se trata de un rito (un suplicio, según algunos) muy extendido desde hace varias décadas.

## /073
**Diálogo:** En el sentido que lo citamos nosotros, se inspira en los célebres diálogos de Sócrates escritos por su discípulo Platón y en los trabajos de David Bohm (1997) y de William Isaacs (1999).

## /074-079

Las *training sessions*, los OBV, las *project clinics* y los *learning diary essays* son parte de la metodología creada por Tiimiakatemia.

## /077

Distintos métodos de *feedback* 360 existen desde mediados del siglo xx, y hoy están muy extendidos en empresas grandes y pequeñas de todo el mundo. No todos son tan «picantes» como el nuestro, sin embargo. La variante M.I.M.O. la creó Miguel Ángel Romero, CEO de la empresa Formación para Formadores.

## /080

**Equipos de alto rendimiento:** Recomendamos la lectura de Katzenbach y Smith (1995).

## /081-085

*Learning paths, book points, learning journeys, team coach:* Adaptados del modelo Tiimiakatemia, aunque evidentemente los orígenes de estos conceptos podrían remontarse hasta la prehistoria (con la excepción de los libros, algo más recientes).

**Desarrollo de habilidades:** Como introducción simpática a este asunto, recomendamos Hernández (2017).

## /084

**Este es tu tablero de juego:** Adaptado del diseño de Edgardo Zunini para una pared del lab de Barcelona de TeamLabs.

## /086

**Cohete:** En Tiimiakatemia desarrollaron un modelo con estos tres motores que denominan el *rocket model*. Nosotros actualmente usamos una variante que llamamos el *falkon model*, desarrollado por Mondragon Team Academy.

## /087

**Big Fucking Problems:** El concepto lo hemos tomado prestado del Unreasonable Institute.

## /088

*We didn't come this far only to come this far:* No conocemos el origen de esta cita. Pero no nos extrañaría que se remontara también a nuestro pasado nómada, hace más de 10 000 años.